Eckart zur Nieden, Ich war Augenzeuge

ECKART ZUR NIEDEN

Ich war Augenzeuge

Menschen der Bibel begegnen Jesus

CHRISTLICHES VERLAGSHAUS GMBH
STUTTGART

ABCteam

Bücher, die dieses Zeichen tragen, wollen die Botschaft von Jesus Christus in unserer Zeit glaubhaft bezeugen.

Das ABCteam-Programm umfaßt:
ABCteam-Taschenbücher
ABCteam-Paperbacks mit den Sonderreihen:
Glauben und Denken (G + D) und Werkbücher (W)
ABCteam-Jugendbücher (J)
ABCteam-Geschenkbände

ABCteam-Bücher erscheinen in folgenden Verlagen:
Aussaat Verlag Wuppertal / R. Brockhaus Verlag Wuppertal
Brunnen Verlag Gießen / Bundes Verlag Witten
Christliches Verlagshaus Stuttgart / Oncken Verlag Wuppertal
Schriftenmissions-Verlag Gladbeck

ABCteam-Bücher kann jede Buchhandlung besorgen.

Umschlagfoto: Pierre Thivollier, Paris
Gesamtherstellung: Druckhaus West GmbH, Stuttgart
ISBN 3-7675-3140-2

Inhalt

Der Gelehrte aus Mesopotamien

Noch heute sehe ich mich in der Erinnerung auf dem Kamel hocken, am Sattelknauf festgeklammert, mit diesem flauen Gefühl im Magen von der ewigen Schaukelei, aber den Blick fest nach oben gerichtet. Nacht für Nacht ritten wir so durch die Wüste.

Nicht nur, um der größten Hitze zu entgehen, reisten wir nachts, sondern vor allem deshalb, um den Stern nicht aus den Augen zu verlieren, der ja die Ursache dieser Expedition war.

Sie müssen wissen, daß wir den Nachthimmel nicht nur beobachten, sondern auch deuten. Seit alter Zeit halten wir an der Tradition fest, daß zwischen dem Lauf der Gestirne und dem Geschehen auf der Erde ein Zusammenhang besteht. Genaues wissen wir in diesen Fragen zwar nicht, aber es gehört zum Wesen des Menschen, daß sein Wissen immer bruchstückhaft und ungenau bleibt. Auch wer das weiß, wird nicht aufhören zu suchen. Erst recht nicht, wenn er forschender Wissenschaftler ist.

Als wir den Stern entdeckt hatten, war das eine wissenschaftliche Sensation. Nächtelang standen wir auf dem Turm und schauten und maßen und diskutierten. Das war eine Aufregung in Fachkreisen! So etwas hatte es noch nie gegeben, solange unsere Fakultät ihre Forschungen anstellte!

Der neue Stern erschien in einer Konstellation, die auf zweierlei hindeutete: auf das Volk der Juden und auf die Geburt eines Königs. Hinzu kam, daß man in jener Zeit viel davon sprach, aus dem Volk der Juden sollte ein mächtiger Herrscher hervorgehen. Wir

Sternkundigen wußten besonders viel über die Erwartung, denn wir konnten sie mit der Überlieferung der Juden in Verbindung bringen. Sie wissen sicher, daß sie ein paar hundert Jahre vorher als Gefangene in Babel waren. Als Cyrus sie freiließ, blieben viele da und prägten mit ihrem Glauben zu einem gewissen Teil auch unsere Kultur. Einer ihrer geistigen Führer, Daniel, war damals Rektor unserer Universität. Aus dieser Zeit stammte die Tradition, daß ein großer jüdischer König erwartet wurde. Die Propheten dieses Volkes sollen ihn schon vor langer Zeit angekündigt haben.

Eines Tages faßten wir also den Entschluß, mit einer Abordnung namhafter Wissenschaftler hinzureisen und der Sache auf den Grund zu gehen. Auf diese Weise kam es zu diesem endlos scheinenden Ritt durch die nächtliche Einsamkeit. Mir tut heute noch der Rükken und dessen Verlängerung weh, wenn ich daran denke. Doch, Spaß beiseite – es war ja eine ernste wissenschaftliche Untersuchungskommission, die da durch die Wüste schaukelte. Und das Objekt, das es zu untersuchen galt, faszinierte uns alle ungeheuer.

Neugier und Spannung ließen uns alle Strapazen unwichtig erscheinen. Was würden wir wohl antreffen? Einen kleinen Prinzen, der im Palast geboren und mit einem rauschenden Fest begrüßt wurde? Oder einen Knaben aus einem anderen vornehmen Haus, der erst später König werden sollte? Dann freilich dürfte von seinem Genius noch nicht viel zu sehen sein. Denn wenn wir annahmen, daß er bei Erscheinen des Sterns geboren wurde, konnte er jetzt kaum über ein Jahr alt sein.

Damaskus ließen wir rechts liegen und kamen von

Nordosten her ins Land der Juden. Wir konnten uns in der aramäischen Handelssprache ganz gut verständigen und fragten uns bis nach Jerusalem durch.

Kennen Sie Jerusalem? Nicht so imponierend wie Babel, erst recht nicht wie Rom. Aber es wirkt auch nicht provinziell. Das kommt durch die beherrschende Lage auf dem Höhenzug und vor allem durch den imponierenden Bau des Tempels. Lachen Sie mich nicht aus, aber ich dachte zunächst, das sei der Königspalast. Eine riesige Anlage mit Hallen und Arkaden und in der Mitte der gewaltige Quader des Tempels mit vergoldeten Zinnen. Dagegen nahm sich die Burg gleich nebenan schon bescheidener aus, wenn sie auch mit ihren vier mächtigen Ecktürmen durchaus imponieren konnte. Aber diese Burg war der Sitz des römischen Statthalters. Erst an dritter Stelle kam der vergleichsweise bescheidene Palast des Königs. Der König hätte das gern anders gehabt, wie wir bald merkten, aber er konnte nicht an den tatsächlichen Machtverhältnissen vorbei, die sich in den Bauten widerspiegelten: erst die Religion, das fromme Judentum, Synhedrium, Hohepriester usw., dann die römische Besatzung mit der äußeren Gewalt, aber ohne Einfluß auf Denken und Fühlen der Menschen. Und erst dann kam der König Herodes. Wenn die Römer ihn nicht gestützt hätten, wäre er längst hinweggefegt worden, denn er war im Volk verhaßt. Er war kein reiner Jude; es floß edomitisches Blut in seinen Adern. Zwar versuchte er, sich beliebt zu machen – so hatte er z. B. den Tempel vergolden lassen –, aber man verzieh ihm seine Grausamkeiten nicht. Die Familie der Makkabäer, die vor ihm regiert hatte, rottete er grausam aus, und dann begann er aus krankhafter Eifersucht sogar in seiner Familie einen nach dem anderen zu ermorden.

Ich hoffe, ich langweile Sie nicht mit dieser Schilderung der politischen Verhältnisse jener Zeit. Sie sollten sie kennen, um das Folgende zu verstehen. Wir nämlich wußten zu wenig, und es hätte fast ein tragisches Ende genommen, als wir so ahnungslos in diese hochbrisante Situation hineinstolperten und nach einem neuen König fragten.

Nachträglich muß ich wirklich zugeben, daß wir uns ausgesprochen naiv benommen haben. Wenn ein neuer König geboren wurde – so meinten wir –, müßte er auch im Palast zu suchen sein. Das einzige, was bei uns leise Zweifel aufkommen ließ, war die Enttäuschung, daß der König nicht der unumschränkte und anerkannte Herrscher zu sein schien, der einem noch größeren Sohn den Weg in ein goldenes Zeitalter hätte bereiten können.

Daß Herodes ein wahnsinniger Despot war, erzählte man sich hinter vorgehaltener Hand. Wir hatten das mitbekommen, wenn wir gelegentlich in einer Karawanserei eingekehrt waren. Aber Wahnsinn und Genius liegen ja sehr eng beieinander. Seine krankhafte Machtbesessenheit war kein Beweis gegen seine Genialität, so daß er den Beinamen »der Große« in einem gewissen Sinn zu Recht trug. Nur – ob aus solch einem Haus der neue große Herrscher kommen sollte?

Da wir's aber nicht besser wußten, fragten wir uns bis zum Königspalast durch. Als wir, von einer neugierigen Gafferschar verfolgt, am Tor ankamen und unser Anliegen vortrugen, ging zunächst ein großes Flüstern bei den Bediensteten los. Als dann offenbar ein allerhöchster Befehl eingetroffen war, begann eine rege Betriebsamkeit. Man lud uns herein, kümmerte sich um die Reittiere, gab uns Gelegenheit, uns frisch zu machen und führte uns schließlich in den Audienzsaal.

Herodes empfing uns ausgesprochen freundlich. Von einem Tyrannen hatte er gar nichts an sich. Heimlich taten wir Abbitte für unsere negativen Vorstellungen. Wir hatten ja keine Ahnung, was in ihm vorging, keine Ahnung, daß er jeden Konkurrenten für den Thron ermorden ließ; keine Ahnung, daß erst kürzlich ein solches Massaker stattgefunden hatte; keine Ahnung, daß inzwischen die ganze Stadt, durch Gerücht von unserem Anliegen informiert, bereits zitterte, was für Grausamkeiten er sich nun einfallen lassen würde.

Nein, ein Sohn sei ihm in den letzten Jahren nicht mehr geboren worden, bedauerte Herodes, da könne er nicht helfen. Aber er wisse wohl, daß es diese Prophetie auf einen großen König Israels gebe, und wenn wir nun diese Erscheinung beobachtet hätten, dann müsse man das durchaus ernstnehmen. Er wäre ja der erste, der sich freute, wenn die politische Verwirrung endlich ein Ende nähme. Ja, er wolle sich persönlich darum kümmern, daß wir die nötigen Informationen erhielten. Wir sollten es uns nur bequem machen und uns in der Zimmerflucht wie zu Hause fühlen, die die Diener uns zeigen würden. Noch an diesem Abend wolle er geeignete Schritte unternehmen . . . usw.

Wir waren gerührt über soviel Freundlichkeit und zogen uns in die Gästezimmer zurück. Erfreut beobachteten wir, wie sofort die Boten aus dem Hof hasteten. Bereits kurze Zeit später setzte eine Bewegung in die andere Richtung ein: die Gerufenen eilten herbei.

Vornehme Herren, wie man an der Kleidung erkennen konnte, Priester und Gelehrte. O ja, er schien sein Volk in Zucht zu haben, dieser Herodes. Wenn er rief, mußten die Herren eilen, und zwar in großer Zahl. Die Auskunft, die er brauchte, hätte ihm vielleicht auch ein einziger Sachkundiger geben können. Aber das genügte ihm nicht. Alle mußten her, wenn der König sie brauchte. Nun, uns konnte das nur recht sein.

Kaum hatten wir uns gestärkt mit dem, was man uns auftischte, wurden wir wieder zum König geladen. Er strahlte über das ganze Gesicht, als er uns händereibend erzählte, seine Nachforschungen hätten Erfolg gehabt.

Wann denn der Stern erschienen wäre, wollte er wissen. Und ob man daraus den Schluß ziehen könne, daß der zukünftige Herrscher jetzt gut ein Jahr alt sein müsse? Natürlich wußten wir das auch nicht genau und sagten ihm das. Aber er war schon zufrieden.

Er sei in der glücklichen Lage, uns sogar den genauen Ort nennen zu können, in dem das Kind nach den alten Prophezeiungen geboren werden sollte: Bethlehem. Nur eine Reitstunde von hier erntfernt, in südlicher Richtung. Wir könnten es gar nicht verfehlen. Und wenn wir das Kind gefunden hätten, schärfte er uns ein, sollten wir eiligst zu ihm zurückkommen und darüber berichten. Er wolle dann der erste sein, der dem neuen Herrscher huldige.

Wir waren glücklich, so schnell ans Ziel zu kommen. Unserer Absicht, noch in dieser Nacht hinzureiten, wenn es so nah war, wurde nichts in den Weg gelegt. Im Gegenteil, Herodes ermunterte uns dazu noch. So freundlich und ausgesucht höflich schickte er uns auf den Weg, daß ich mich in den Straßen Jerusalems dabei ertappte, wie ich mich umsah, ob er uns vom Palastfenster aus nicht noch nachwinkte.

Die naheliegende Frage, warum denn niemand mit uns ritt, kam uns gar nicht. Wenn Herodes soviel Wert auf die Bekanntschaft dieses Kindes legte, und wenn die Gelehrten es so genau wußten – warum schickten sie uns dann allein auf den unbekannten nächtlichen Weg? Aber, wie gesagt, dieser Gedanke hatte in unseren erwartungsfrohen Herzen keinen Platz.

Noch glücklicher wurden wir, als wir nun wieder den Stern erblickten. In der letzten Zeit war er nicht mehr zu sehen gewesen. Jetzt aber stand er wieder klar und leuchtend über uns, nein, genauer, über dem Dorf, dessen Silhouette sich auf dem Höhenzug gegen den Nachthimmel abhob. Das mußte Bethlehem sein. Wo aber sollten wir nun nach dem Kind suchen? Ob der Gott, der unseren bisherigen Weg so zielsicher geführt hatte, auch auf den nächsten Schritten helfen würde?

Plötzlich hatten wir den Eindruck, daß der Stern unmittelbar über einem bestimmten Haus stand, das sich am Hang über uns erhob. Ob dort unser Ziel war? Nun, fragen mußten wir irgendwo. Warum also nicht hier? Wir stiegen von unseren Kamelen.

Während wir hinaufgingen, verstärkte sich der Eindruck immer mehr, daß der Stern auf dieses Haus hinwies. In froher Spannung machten wir uns bemerkbar, und zwängten uns in die bescheidene Hütte.

Ein Mann trat uns entgegen und grüßte uns. Wir wollten den neugeborenen König sehen, sagten wir. Wir seien von weither gekommen, um ihm zu huldigen. Erst als die Worte heraus waren, kam mir das Seltsame an dieser Situation zu Bewußtsein. Wenn das nun nicht die richtige Adresse war? Wir brachen hier mitten in der Nacht in ein friedliches Heim ein und suchten in einer kleinen Hütte einen zukünftigen großen Herrscher. So betrachtet – geradezu absurd!

Aber zu meinem eigenen Erstaunen wunderte sich der Mann gar nicht. Er rief seine Frau heran. Sie trat ins Licht unserer Lampen und begrüßte uns. Mit Maria stellte ihr Mann sie uns vor. Er selber hieß Josef.

Ja, und? Die Hauptperson?

Der Junge war von unserm Lärm aufgeweckt worden. Seine Mutter ging zurück und nahm ihn zu sich. Scheu schmiegte er sich an. Dieses Kind . . .?

Ich gestehe, ich war etwas verwirrt von all dem Erlebten. Noch hatte ich in meiner Vorstellung das Bild eines von Ammen und Leibwachen umstellten Prinzen. Das machte es mir schwer, in dieser Ärmlichkeit den Anbruch eines neuen Zeitalters zu erkennen. Aber meine Freunde taten sich nicht so schwer. Sie fielen auf ihre Knie nieder und huldigten dem Kind, das mit großen verständnislosen Augen auf diese Szenerie blickte. Da schloß auch ich mich an, sprach die Huldigungsformeln, die man bei uns einem König entgegenbringt, und überreichte . . . ach, nein, die Geschenke waren ja noch draußen.

Einer von uns holte die Goldkassette, die Dosen mit Myrrhe und Weihrauch, während wir anderen uns etwas verlegen von den Knien erhoben und wortlos herumstanden. Es herrschte eine merkwürdige Atmosphäre, die aus Erhabenheit und Lächerlichkeit gemischt zu sein schien. Während wir so zwischen freudigem Glauben und zaghaftem Zweifel, zwischen dem Genuß einer historischen Stunde und der Qual peinlicher Verlegenheit hin- und hergerissen wurden, behielten nur die beiden Eltern eine schlichte Würde.

Mir fiel jetzt auf, daß sie über unsere Huldigungen gar nicht erstaunt waren. Offenbar wußten sie, was mit ihrem Kind einmal geschehen sollte. Woher? Verstanden sie auch etwas von den Sternen? Oder hatte der Gott, der uns auf unsere Weise von dem Kind wissen ließ, ihnen auf andere Weise seine Pläne bekanntgemacht?

Noch lange saßen wir in dieser Nacht zusammen, und wir hatten reichlich Gelegenheit, all die Fragen zu stellen. Erstaunliche Dinge erzählten uns die beiden. Von Engeln berichteten sie, von himmlischen Heeren, die bei der Geburt erschienen waren, von einem Gottesboten sogar, der die Geburt des Knaben ankündigte, ehe Josef seine Frau geheiratet hatte. Von erstaunlichen Prophezeiungen verschiedener Gottesmänner und -frauen.

Aber warum wunderten wir uns darüber? War nicht unsere Reise im Grunde eine genauso geheimnisvoll von Gott geleitete Sache? Zur Erforschung einer astronomischen Erscheinung waren wir aufgebrochen, und nun hatten wir die Erscheinung des Gottessohnes entdeckt. Wir wollten herauskriegen, ob die Himmelskörper zu den Menschen der Erde eine Beziehung haben. Nun stellten wir fest, daß der Herr des Himmels eine Beziehung zu ihnen aufgenommen hatte. Ja, daß er selbst ein Mensch auf dieser Erde geworden war. Wie das alles zu erklären war und was es zu bedeuten hatte, daran würden wir noch lange zu überlegen haben. Auf jeden Fall bedeutete es, daß der Gott der Juden, von dem wir ja recht wenig wußten, der wahre Gott sein mußte. Er war lebendig und nicht nur über Israel Herr, sondern über die ganze Welt, einschließlich Babel und Rom. Vielleicht würde dieses Kind, das inzwischen wieder friedlich in seinem Bettchen schlief, diese Wahrheit einmal aller Welt klarmachen.

Endlich machten wir uns ein einfaches Lager und legten uns nieder. Lange konnte ich trotz meiner Müdigkeit nicht schlafen, weil all die Ereignisse dieses Tages, besonders die der letzten Stunden, noch einmal durch meine Gedanken gingen. Am frühen Morgen muß ich dann doch eingeschlafen sein; denn als ich von den Bewegungen und Geräuschen der anderen erwachte, stand die Sonne bereits am Himmel.

Die Freunde rüsteten bereits zum Aufbruch. Wir sollten nicht zu Herodes zurückkehren, hatte einer geträumt. Also redete der Gott der Juden jetzt auch zu uns durch Träume!

Mir war es recht, daß wir Herodes aus dem Weg gehen sollten, verdichtete sich doch nach allem, was wir gehört hatten, die Vermutung, daß er nichts Gutes plante.

Wir verabschiedeten uns von der Familie mit allen guten Wünschen. Aber ob sie unsere Wünsche nötig hatten? Ein anderer würde auf sie achtgeben, da war ich ganz sicher. Froh machten wir uns auf den Weg – froh, weil Gott unser Leben unter seine Führung genommen hatte, ohne daß wir das gesucht, ja, ohne daß wir es anfangs überhaupt gemerkt hatten. Er hatte sich offenbart, er hatte gehandelt – an uns und nun auch an aller Welt.

Der Gelähmte mit seinen Freunden

Begegnung – das klingt so, als wenn man vor einen anderen hintritt und sich mit ihm unterhält. Eine Begegnung mit Jesus war das bei mir sicher auch, aber weder bin ich vor ihn hingetreten, noch habe ich mich mit ihm unterhalten.

Alles, was mit mir passierte, mußte ich über mich ergehen lassen. Ich konnte nicht viel dazu beitragen. Sowas hat man ja nicht sehr gerne. Viel lieber ist man aktiv. Aber mir blieb nichts anderes übrig, als alles untätig mit mir geschehen zu lassen.

Wissen Sie, was Gicht ist? Ich hatte sie in ihrer schlimmsten Form. Keine Bewegung – wenn ich dazu überhaupt in der Lage war – konnte ich ohne Schmerzen machen. Meistens lag ich nur steif auf meinem Bett und versuchte, nicht an die Qualen zu denken, die ich auch ohne Bewegung hatte. Sämtliche Gelenke taten mir entsetzlich weh. Eine Hoffnung auf Besserung gab es nicht.

Man denkt viel über sein Leben nach, wenn man so jahrelang an sein Lager gefesselt ist. Was soll man auch anderes tun als nachdenken? Einzig, daß man sich von Zeit zu Zeit mit Verwandten und Freunden unterhalten kann. Aber die haben ja auch nicht immer Zeit. Sie müssen schließlich ihrer Arbeit nachgehen. Was heißt müssen – sie dürfen! Wie gern würde ich arbeiten, etwas Sinnvolles tun, etwas, das die Kraft und die Gedanken in Anspruch nimmt, das anderen nützt, auf das man stolz sein kann, wenn es fertig ist. Aber das war mir versagt. Ich lag nur stocksteif da und mußte mich bedienen lassen. Und mußte grübeln.

Wie das so ist bei einem langen Leidensweg – da gibt es Höhen und Tiefen. Es gab Zeiten, in denen ich die Schwere meines Schicksals nicht so schwer empfand und dankbar war, daß ich Menschen hatte, die mich versorgten. Zeiten, in denen ich Trost empfand, der mich zwar bei weitem noch nicht froh machte, der mir aber doch half, meine Last zu tragen. Aber dann gab es auch Zeiten, in denen sich ein schreckliches Dunkel auf meine Seele legte, in denen ich einen untergründigen Haß empfand gegen alles und jeden. Gegen die, denen es unverdientermaßen besser ging, und gegen mich selbst. Gegen die, die kamen, um zu trösten – weil ich nicht getröstet werden wollte – und gegen die, die mich nicht besuchten – weil sie offenbar mein Elend nicht gebührend zur Kenntnis nahmen. Gegen die, die für alle meine Worte und Launen liebevoll Verständnis hatten, oder wenigstens so taten, und gegen die, die mir ausgesprochen oder unausgesprochen Vorwürfe machten.

Ja, die Vorwürfe – das ist so ein Thema für sich. Es gab genug Leute, die mir deutlich zu verstehen gaben, was sie von meiner Krankheit hielten: Das konnte doch nur die Strafe für meinen schlechten Lebenswandel sein.

War es so? Natürlich ärgerte ich mich über solche Vorhaltungen, aber manchmal zwang ich mich, nüchtern darüber nachzudenken.

Ja, ich hatte Schuld auf mich geladen. Das mußte ich zugeben. Ich will sie Ihnen nicht im einzelnen schildern. So was behält man ja lieber für sich. Aber daß ich gesündigt habe, kann jeder wissen. Oft quälte mich der Gedanke daran mehr als die Gicht in meinen Knien.

Aber konnte die Krankheit Strafe für meine Sünde sein? Mußten dann nicht viele andere auch von Gott geschlagen werden, wenn er so konkret auf die Schuld der Menschen antwortet? Konnte die einfache Gleichung wirklich stimmen: Frommes Leben gleich Wohlstand, gottloses Verhalten gleich Krankheit und Elend? Müßte es dann nicht vielen anderen erst recht elend gehen, die noch mehr gesündigt hatten?

Aber wer kann schon beurteilen, wer mehr und wer weniger sündigt. Nein, die fatale Gleichung der Hochnäsigen stimmt sicher nicht oder nicht so. Aber heißt das, daß ich über meine Vergangenheit ruhig sein konnte? Ich hatte viel zu viel Zeit, über all das zu grübeln, als daß ich mich mit einigen scheinbar logischen Gedankengängen zufriedengeben konnte. Immer und immer wieder brachen die Fragen auf, wie eitrige Wunden. Wenn der gerechte Richter im Himmel andere nicht für ihre Untaten strafte – hieß das, daß er mich auch nicht strafen durfte? Wer kann sagen, ob die Maßstäbe für Gerechtigkeit, die wir Menschen erstellen, auch für Gott verbindlich sind? Und wenn . . .

Ach, was soll's! Diese Grübeleien ohne Ende! Selbstvorwürfe und Entschuldigungen ohne verbindliche Auskunft über die Wahrheit. Ich mußte diese Gedanken gewaltsam abbrechen, um mich darin nicht zu verirren wie in einem Labyrinth. Die Verzweiflung wäre nur noch größer geworden.

Eines Tages kommen meine Freunde hereingestürmt. Vier Mann hoch. Es müsse schnell gehen. Sie wollen mich zu Jesus bringen. Jesus? Wer das denn sei, will ich verständlicherweise wissen. Und was ich dort solle?

Jesus wäre ein Wanderprediger aus Nazareth, der schon viele Kranke gesund gemacht hätte, und im übrigen wäre jetzt nicht viel Zeit zu diskutieren, sonst verpaßten wir ihn am Ende. Ich solle mich festhalten. Es ginge los.

Festhalten ist gut! Ich und festhalten! Aber mein Protest fällt schwach aus. Ich bin es gewöhnt, mit mir machen zu lassen, was andere für richtig halten.

Sie heben mich mitsamt meinem Lager auf. Jeder an einer Ecke der Matte. Es schaukelt und schmerzt. Aber ich verbeiße einen Schrei und lasse mich von der Begeisterung der vier mitreißen.

Unentwegt reden sie, während sie mich im qualvollen Eilschritt durch die Gassen schleppen. Gerade hätte er einen Aussätzigen gesund gemacht. Alle hätten es gesehen, und erst neulich sei in Kapernaum . . .

Und einer hat einen Onkel, der hätte erzählt . . .

Und vom Nachbardorf hörte man . . .

Und wenn es stimmte, was das Gerücht . . .

Und das könnte doch nicht alles erfunden sein . . .

Ihre Zuversicht steckt mich an. Zu lange habe ich ohne Hoffnung gelitten, um nicht diesen schwachen Hoffnungsschimmer begierig aufzunehmen. Wenn nur die Schmerzen nicht wären, die mir bei jedem Stoß durch den ganzen Körper zucken. Aber gleich müssen wir dasein, sagen sie. Noch ein Stück.

Und dann die Enttäuschung! Er ist zwar noch da, dieser Jesus. Aber die anderen wissen das auch. Eine große Traube Menschen umlagert den Eingang des Hauses.

Können wir bitte mal durch? Bitte, geht doch etwas auseinander! So rückt doch mal zur Seite! Wir müssen da hinein! Seht ihr denn nicht, daß wir hier einen Kranken haben!

Aber alles Bitten und alles Schimpfen ist umsonst. Die Menschenmasse stellt sich stur. Da könnte jeder kommen. Wir waren zuerst da! Ruhe, wir verstehen nichts von seinen Worten!

Wie ein angestochener Wassersack sinkt meine Hoffnung in sich zusammen. Was kann man da noch tun? Warten, bis er herauskommt? Dann wird er sicher wieder von vielen umlagert sein, die stärker sind als ich in meiner Hilflosigkeit. Ihm nachreisen? Unmöglich! Einen längeren Weg als den, den ich gerade unter Qualen zurückgelegt habe, halte ich nicht durch.

Einer meiner Freunde hat eine Idee: Durchs Dach! Wahnsinn, denken wir erst. Wir können doch nicht . . . Aber warum denn nicht? Ist nicht meine Gesundheit mehr wert als ein Dach? Na also! Wir können es ja nachher wieder reparieren!

Aber wie soll ich da hinaufkommen? wage ich einzuwenden. Das soll ich mal ihre Sorge sein lassen, meint der Freund, der bei mir zurückbleibt, während die anderen davonrennen, um Werkzeuge und Stricke zu holen. Kurz darauf sind sie wieder da. Ihr Schwung reißt mich mit. Ihr fester Glaube, daß das alles nicht sinnlos ist, gibt mir Mut.

Mut brauche ich auch, denn jetzt beginnt der schwierigste Teil des Unternehmens.

Die Stricke werden an den Enden meiner Matte befestigt. Die Freunde steigen hinauf und beginnen zu ziehen. Rasender Schmerz durchläuft meinen ganzen Körper. Aber jetzt nicht aufgeben, zwinge ich mich zu denken. Jetzt nicht schlappmachen!

Unter entsetzlichen Qualen werde ich über die Kante gezogen. Dann liege ich auf dem flachen Dach. Eine kleine Pause gönnen sie mir, während sie sich in der Mitte des Daches zu schaffen machen. Es staubt, Lehmbrocken und Holzstücke fliegen zur Seite. Die wuchtigen Schläge der Werkzeuge lassen den Boden erzittern, auf dem ich liege. Dann sind sie fertig. Es hat nicht lange gedauert. Sie schleppen mich über das Loch und lassen mich behutsam hinunter. Es ist ein merkwürdiges Gefühl. Ich rede nicht von den Schmerzen in allen Gliedern, auch nicht von der Furcht zu rutschen, wenn sie die Seile ungleichmäßig herunterlassen. Ich rede auch nicht von den erstaunten und neugierigen Blicken der Leute da unten, von ihren spottenden und ärgerlichen Rufen. Ich meine diese Mischung aus Hoffnung und Verzweiflung, die mir den Atem abschnürt. Was für ein Augenblick! Möglicherweise kann in wenigen Minuten das jahrelange Elend beendet sein.

Kann Jesus helfen? Wird er es tun, wenn er es kann? Oder wird er mich wegen meiner Sünde zurückweisen? Die Fragen beklemmen mich so, daß mir das Ungewöhnliche, ja das Komische dieser Situation gar nicht zum Bewußtsein kommt.

Die Freunde haben gut geschätzt. Zwischen dem Prediger und seinen Zuhörern komme ich herunter. Einige müssen ein wenig zur Seite rücken, dann lande ich auf dem Fußboden.

Ja, und jetzt?

Ich sehe mich um. Auf der einen Seite Gemurmel. Dicht an dicht stehen sie da. Worte des Unwillens, auch einige des Mitleids. Viele Augen sind auf mich gerichtet. Ich sehe Pharisäer unter der Menge und Theologen. Sie sind an ihrer Kleidung erkennbar. Haben die es denn nötig?

Und auf der anderen Seite?

Da steht Jesus. Ja, das muß er sein. Ich habe sofort den Eindruck, daß nur er es sein kann. Mit einem freundlichen Blick sieht er mich an. Wohlwollen und Güte lese ich darin, ja, so etwas wie Zufriedenheit. Oder täusche ich mich nur, weil ich so hohe Erwartungen habe?

Aber nein, es muß wohl so sein, daß er sich freut. Von mir fällt eine Last, als ich das feststelle. Nicht über mich freut er sich – da ist nicht viel Erfreuliches dran – aber über meine Freunde und das Zutrauen, daß sie zu ihm haben. Wie ein Vater sich über das Vertrauen seiner Kinder freut, die mit ihren Sorgen zu ihm kommen.

Gespannt blicken alle auf ihn. Die Theologen, die neugierige Menge, die Begleiter von Jesus, die hinter ihm stehen, meine Freunde, deren Köpfe vor dem Stück Himmel über uns sichtbar sind. Und natürlich ich. Was wird er tun? »Mein Sohn«, sagt er, und ich sauge jedes Wort von seinen Lippen. »Mein Sohn, deine Sünden sind dir vergeben.«

Meine Sünden? Das habe ich nicht erwartet. Aber es enttäuscht mich nicht. Was habe ich denn erwartet? Daß ich gesund werde natürlich. Aber kann er mich denn gesund machen, wo ich doch gesündigt habe? Kann ich denn erwarten, daß er über alle meine Schuld stillschweigend hinweggeht? Hätte ich nicht vielmehr erwarten müssen, daß er mich verurteilt, daß dieser heilige Mann mich in Grund und Boden richtet? Ist nicht – gemessen daran – schon sein freundlicher Blick

Gnade? Ist nicht die Vergebung meiner Sünde unendlich mehr, als ich billigerweise hätte erwarten können? Und bedeutet nicht, mit Gott in Ordnung sein, daß man auch alles Leid viel besser ertragen kann? Wenn ich unter Schmerzen meiner Gicht, aber mit befreitem Gewissen nach Hause getragen werden soll – bedeutet das nicht, daß ich dann unvorstellbar reicher bin als vorher? Diese Gedanken gehen mir durch den Kopf.

Ich atme auf. Ich fange an, mich zu freuen.

Aber da ist das Murren der Leute. Einzelne Worte dringen an mein Ohr und ersticken den aufkeimenden Jubel. »Sünden vergeben? Das kann nur Gott.«

Das ist wahr! Das kann nur Gott! Schuld durchstreichen kann nur der, vor dem man schuldig geworden ist. Ich bin doch vor Gott schuldig geworden, nicht vor dem Mann aus Nazareth. Ihm habe ich doch nichts getan. Wieso sagt er dann, daß er Sünde vergibt?

Will er damit etwa sagen, daß er für Gott spricht? Aber wie kann ein Mensch so etwas für sich in Anspruch nehmen? Oder ist er mehr als ein normaler Mensch?

Die Fragen überstürzen sich in meinen Gedanken.

Jesus antwortet: »Was ist leichter zu sagen: Dir sind deine Sünden vergeben! oder: Stehe auf und gehe?«

Was leichter ist? Wie ist das gemeint? Natürlich ist es leichter, jemanden gesund zu machen. Das können manche, aber Sünden vergeben, daß kann nur Gott selber. Oder der, den er dazu bevollmächtigt. Aber, wie läßt sich so eine Bevollmächtigung nachprüfen? Eben – darauf will er hinaus. »Was ist leichter zu sagen . . .?« Sagen kann man viel. Man kann auch unschwer sagen, deine Sünden sind dir vergeben, wenn man nicht beweisen muß, daß Gott dahintersteht. Aber, »stehe auf« zu einem Kranken zu sagen – das ist unmöglich, wenn man nicht ganz sicher ist, daß Gott dazu steht. Denn das ist nachprüfbar. Da blamiert man sich, wenn es nicht »klappt«, oder man wird sogar wegen Gotteslästerung gesteinigt.

Er will doch nicht etwa sagen . . .?

Jetzt spricht er weiter: »Ihr sollt sehen, daß der Sohn des Menschen Vollmacht hat, Sünden zu vergeben.« Dann wendet er sich mir zu. »Stehe auf und gehe!«

Stehe auf und gehe! Das sagt er einfach so! Aber ich kann doch nicht! Oder doch? Vielleicht . . . Wenn er es sagt! Wenn er wagt, mich vor allen Leuten dazu aufzufordern, dann muß er doch sicher sein, daß Gott ein Wunder tut!

Ohne daß mich ein überlegter Entschluß antreibt, richte ich mich auf. Ja, ich richte mich auf! Ich stütze die Arme auf, ich kniee, ich stehe, ich mache einen Schritt, noch einen! Meine steifen Gelenke sind geschmeidig wie bei einem Kind! Kein Schmerz jagt mehr durch meine Glieder! Daß es so etwas gibt! Daß ich das erleben darf!

Jubel bricht aus mir heraus. Ich kann mich kaum noch zurückhalten. Ich muß ihm danken. Ich muß Jesus anbeten! Anbeten? Darf man einen Menschen anbeten, wie man es Gott schuldig ist? Und hat er nicht selbst gesagt, daß er ein Sohn der Menschen ist?

Ja, aber er ist auch der Sohn Gottes. Er hat bewiesen, daß er in göttlicher Vollmacht handelt. Ich will ihn anbeten. Wie reich hat er mich beschenkt! Mein Gewissen hat er gereinigt und meinen Körper gesund gemacht! Freunde, lobt mit mir Jesus! Ich laufe, seht ihr's? Ich brauche die Matte nicht mehr. Ihr könnt sie hochziehen. Das geht nicht? Warum nicht?

Sie haben die Seilenden bereits heruntergeworfen, ehe ich gesund war. Aber sie wußten nicht . . . Nein, aber sie glaubten. Sie waren sicher, daß Jesus helfen würde. Und da hat er auch geholfen.

Wenn ich nur immer solch einen Glauben hätte!

Die Theologen sind verstummt, erschüttert. Die anderen reden aufgeregt durcheinander. Meine Freunde rufen begeistert durchs Loch im Dach. Die Schüler von Jesus strahlen und sehen dabei fast stolz aus, so, als hätten sie mich gesund gemacht.

Und Jesus selbst? Mir fällt auf, daß meine Gedanken eben mehr um ihn gekreist sind, als um meine wunderbare Heilung. Aber das ist doch nicht erstaunlich. Solch einen Menschensohn hat es noch nie gegeben. Er ist einmalig im wahrsten Sinn des Wortes. Er ist der einzige Gott in Person. Gott in Gestalt eines Menschen. Wie könnte er sonst so wunderbar heilen, nur durch ein Wort! Und wie könnte er sonst Heil bringen – Vergebung, Rettung, Erlösung – nur durch sein Wort!

Der Standortoffizier aus der Garnison Kapernaum

Ich bin es gewöhnt, Berichte zu geben. Aber hier? Es handelt sich hierbei nicht um einen militärischen Bericht für den Vorgesetzten. Die Sache ist etwas schwieriger zu schildern als strategische Pläne und taktische Unternehmungen. Obwohl da eine gewisse Ähnlichkeit – naja, dazu kommen wir noch.

Zunächst muß ich meinen Standort nennen. In Kapernaum am See Tiberias bin ich stationiert. Dort steht eine Garnison von römischen Legionären. Die Grenze zu Syrien ist nah.

Ich bin schon lange dort. Muß sagen, daß ich gerne hier in Palästina bin. Es hätte mich ja auch nach Afrika verschlagen können oder nach Gallien oder irgendwo an den Rhein, wo ich mich dann unter Varus mit dem Cherusker Arminius und seinen Germanen hätte herumschlagen müssen. Dann wäre ich sicher nicht sehr alt geworden.

Aber das ist nicht der Grund, weshalb ich gerne hier bin. Es ist der Glaube dieser Juden, der mich anzieht. Ehrlich – glauben Sie etwa an Mars und Jupiter und wie die alle heißen? Daran glaubt übrigens fast niemand mehr in Rom. Aber was dann?

Sehen Sie, hier im Land beten sie einen Gott an, der ganz anders ist. Da gibt es keinen dichtbevölkerten Götterhimmel, sondern einen einzigen Gott, der Himmel und Erde gemacht hat. Ist das nicht viel einleuchtender?

Nun, wenn eine Idee bestechend ist, muß sie noch nicht unbedingt wahr sein. Immerhin reichte das, was ich über diese Religion hörte, um bei mir ein großes

Vertrauen zu wecken. Ich befaßte mich also gründlich mit der Lehre der Juden, ließ mir von ihren Rabbis vieles erklären und begann schließlich tatsächlich an diesen einen unsichtbaren Gott zu glauben.

Je mehr ich die Verbindung zu den frommen Juden suchte, desto fester wurde ich in diesem Glauben. Und je mehr ich in dem Glauben wuchs, desto intensiver suchte ich den Kontakt zu diesen Menschen, desto mehr schätzte ich sie.

Als ich ihnen beim Bau ihrer Synagoge ein bißchen unter die Arme griff – was sollte ich sonst Sinnvolles mit meinem reichlichen Sold machen –, da entstand fast so etwas wie Freundschaft zwischen den Juden und ihrem Besatzer. Zumindest aber großer gegenseitiger Respekt.

Es gehört zum Standard eines römischen Offiziers, daß er sich einige Sklaven hält, die sich um seinen Haushalt kümmern. Auch ich hatte einen Sklaven, den ich aber mehr als Freund, denn als Diener ansah. Er war mir treu ergeben, und ich schätzte ihn sehr. Das muß ich vorausschicken, weil er in dem Ereignis, das ich berichten will, noch eine Rolle spielte.

Man redete in letzter Zeit viel von Jesus aus Nazareth. Er zog durch das Land und predigte überall. Ganz neuartige Dinge sage er, hieß es. Sogar Kranke sollte er gesund gemacht haben. Nicht nur mal einen, daß man meinen könnte, es wäre ein Zufall. Nein, es war eine ganze Anzahl von Fällen bekannt, wo er nachweislich Kranke wirklich gesund gemacht hatte.

Ich hätte gern in dieser Sache noch ausführlicher recherchiert, aber das war nicht möglich. Einmal hielt mich meine militärische Pflicht in Kapernaum fest, zum anderen mußte ich mich sehr zurückhalten, wenn ich beobachten wollte. Ein römischer Offizier kann nicht nur unbeachtet zusehen. Wo er auftaucht, nimmt er Einfluß auf den Gang der Dinge, ob er will oder nicht. Außerdem wollte ich meine Freunde nicht in Verlegenheit bringen. Ich besuchte ja auch ihre Synagoge nicht. Sie haben das nicht gern. Man muß das respektieren, ohne beleidigt zu sein. Wenn sie in ihren kultischen Angelegenheiten einen Unterschied zwischen sich und den Heiden machen, heißt das ja nicht, daß ein solcher Heide nicht auch ihren Gott anbeten könnte. Daß ich, anstatt mit meiner Macht aufzutrumpfen, hier zurückhaltend war, erwarb mir ihre Anerkennung noch mehr.

Natürlich dachten meine Untergebenen in diesen Dingen zumeist anders. Ich merkte wohl, daß sie sich heimlich lustig machten über meine innere Einstellung und über meine Zurückhaltung gegenüber den Leuten im Land. Aber das machte mir nicht viel aus. Ich denke, ein gewisses Maß an Achtung gegenüber dem Wesen und Denken unterworfener Völker steht auch einem römischen Offizier gut an. Man muß kein kulturverachtendes, martialisches Rauhbein sein, um als guter Soldat zu gelten.

Doch das nur nebenbei. Ich wollte von der Begegnung erzählen, die eigentlich gar keine Begegnung war.

Mein Sklave war krank geworden. Schon lange hatte er mit der Gicht zu tun. Nun aber war es so schlimm geworden, daß er es vor Schmerzen kaum aushielt. Oder war noch eine andere Krankheit dazugekommen? Die Ärzte wußten es nicht und konnten ihm auch nicht helfen. Es sah so aus, als müßte er sterben. Mir tat er sehr leid. Wie gesagt – ich hatte ihn gern. Was ich hätte tun können, um ihm zu helfen, wollte ich tun. Aber was?

Da kam, gerade als die Krankheit ihren krisenhaften Höhepunkt erreichte, das Gerücht nach Kapernaum, Jesus sei nicht weit. Er habe auf einem Berg in der Nähe eine große Menge von Menschen um sich gesammelt, erzählte man mir. Auch Leute von Kapernaum seien dabei.

Wenn ich mich beeilte, und wenn er eine längere Rede hielt . . . Mein Entschluß stand fest: Ich wollte ihn um Hilfe bitten. Wenn das alles stimmte, was man mir von ihm erzählt hatte – und offensichtlich stimmte es –, dann konnte er auch meinen Sklaven gesund machen. Aber ich selbst konnte nicht gut hingehen, warum, das habe ich eben erklärt. Und außerdem – wäre es nicht besser, jemand aus seinem eigenen Volk bat ihn um Hilfe?

Schnell suchte ich einige meiner Freunde auf, die Ältesten der jüdischen Gemeinde. Ich sagte ihnen, was ich dachte. Ja, meinten sie, Jesus würde sicher helfen können. Ja, und sie wollten auch hingehen und ihn darum bitten. Nach allem, was ich für sie getan hätte . . .

Es waren qualvolle Stunden, die ich nun wartend am Bett des Patienten verbrachte. Stunden des Leides und doch der Hoffnung. Mein Sklave krümmte sich vor Schmerzen. Er sah aus, als liege er im Todeskampf. Wenn die Hilfe nur nicht zu spät kam!

Dann die erlösende Nachricht: Jesus wollte kommen. Er sei schon unterwegs. Erlösend? Nein, so froh mich die Meldung auch machte, sie erlöste mich noch nicht von der Angst um meinen Knecht.

Während ich zitternd dasaß und wartete, gingen meine Gedanken weiter. Wenn Jesus wirklich der war, für den ihn viele hielten . . . Nein, so wollte ich nicht mehr sprechen. Er war es! Er war der von Gott Gesandte! Was mußte denn noch passieren, daß die Menschen an ihn glauben sollten? Mochten die spitzfindigen Theologen in diesem Land so manches Haar in der Suppe finden, weil der Messias sich nicht bequemte, genauso zu sein, wie sie ihn sich vorstellten. Ich war für klare Verhältnisse. Ich bin Soldat und kein Diplomat. Entweder ja oder nein. Entweder war Jesus der von Gott Gesandte – und dann mit allen Konsequenzen. Oder er war es nicht. Dazwischen hatte ich mich zu entscheiden.

Daß Jesus seine Hilfe zugesagt und sein Kommen angekündigt hatte, gab für mich den Ausschlag. Jetzt wußte ich, daß er im Auftrag des einen Gottes handelte. Das bedeutete, daß er unumschränkte Macht besaß, auch gegenüber der Krankheit.

Hoffentlich kam er nicht zu spät. Aber, war das nicht schon wieder Dummheit, so etwas zu befürchten? War es denn denkbar, daß der Gesandte Gottes vor einem Problem kapitulieren mußte, weil er unglücklicherweise ein paar Minuten zu spät kam? Er konnte doch auch aus der Ferne seine Macht beweisen.

Das brachte mich auf einen Gedanken. Sicher war es ihm unangenehm, das Haus eines Heiden zu betreten. Daß er dazu bereit war, freute mich natürlich. Aber ich hatte gelernt, die Gefühle der Juden zu akzeptieren. Konnte er nicht von da, wo er war, meinen Sklaven gesund machen? Lag denn etwa seine Macht in einer äußeren Handlung, oder nicht vielmehr in einem machtvollen Wort?

Die Frage stellen, hieß sie beantworten. Mit der militärisch schnellen Entschlossenheit, die man mir anerzogen hatte, rief ich auch schon einige meiner Freunde herbei. Geht schnell dem Rabbi Jesus entgegen, bat ich sie. Sagt ihm, ich sei es als Heide nicht wert, daß er unter mein Dach komme. Er soll nur ein Wort sprechen, so wird mein Sklave augenblicklich gesund. Hat er nicht die Macht dazu? Meine Freunde nickten, obwohl sie etwas unsicher waren. Aber sie mußten mir recht geben. Ich war es gewöhnt, in Befehlsstrukturen zu denken. Wenn ich eine Order erließ, war es ganz selbstverständlich, daß sie befolgt wurde. Da gab es in unserer Armee kein Wenn und Aber. Wenn ich jemanden herbeizitierte, hatte er zu erscheinen und zwar sofort. Wenn ich jemanden schickte, hatte er zu springen. Da gab es keine Entschuldigungen und keine Ausrede. Sollte der Gott, dem Himmel und Erde untertan sind, sollte sein Beauftragter nicht die gleiche Macht haben? Sollte es ihm nicht genauso möglich sein, den Mächten der Krankheit zu gebieten? Konnte es da überhaupt einen Zweifel geben?

Die Freunde eilten davon.

Sie waren noch nicht lange fort, da beobachtete ich, wie eine Bewegung durch den verkrümmten Körper meines Burschen ging. Seine Muskeln entkrampften sich. Er lag ruhiger. In sein Gesicht kehrte Farbe zurück. Dann schlug er die Augen auf, sah mich lächelnd und befreit an, machte sie wieder zu und fiel in einen tiefen Schlaf.

Ich jubelte. Ich wußte es, ehe ich Bericht bekam: Jesus hatte das erbetene Machtwort gesprochen.

Es dauerte nicht lange, da kamen meine Freunde zurück. Sie berichteten, daß sie alles gesagt hätten, was ich ihnen auftrug. Und Jesus habe meine Zuversicht gerühmt und gesagt, in Israel habe er solchen Glauben nicht gefunden. Glauben? Was heißt hier Glauben? Lagen die Dinge nicht völlig klar? Ich habe doch nur nüchtern gedacht und Konsequenzen gezogen. Wenn diese nüchterne Einschätzung der Macht Jesu Glaube ist – nun gut, dann will ich gerne von mir sagen, daß ich gläubig bin.

Aber warum rede ich von mir. Er hat ihn doch gesund gemacht. Er hat das entscheidende Wort gesprochen. Er ist zu rühmen, Jesus aus Nazareth. Mehr: Jesus, der Beauftragte Gottes. Ein Offizier, hinter dem nicht die Macht einer Armee oder eines Kaisers stand, sondern die unbegrenzte Macht des einen Gottes, der Himmel und Erde geschaffen hat und sie erhält.

Bei aller Freude finde ich es nun doch ein wenig schade, daß ich ihm nicht persönlich begegnet bin. Gern hätte ich ihn persönlich gesehen. Aber was soll's – ich bin ihm auch so begegnet. Ich habe ihn besser kennengelernt als viele, die ihn sehen und anfassen konnten. Ich habe nicht nur den Menschen, sondern den Gottesboten erlebt und dabei den, der ihn gesandt hat.

Die Halbweltdame mit der veränderten Haltung

Im Hause Simons wurde zu einem Gastmahl gerüstet. Die ganze Stadt redete davon.

Das war auch die Absicht. Wenn ein Mann aus der vornehmen Gesellschaft ein Fest gibt, müssen das alle wissen. Die anderen Vornehmen, weil sie natürlich geladen sind, und die übrige Bevölkerung, damit auch genug Bewunderer da sind und der Abstand zwischen hoch und niedrig richtig deutlich wird.

Darum werden solche Feste auch im Hof abgehalten, der von Säulen umgeben ist und in den man von der Straße aus Einblick hat. Alle sollen gaffen und die vornehmen Herrschaften bewundern, die sich solche Feste leisten können. Das Volk soll die überladenen Tische sehen und den Bratenduft riechen, daß ihnen das Wasser im Mund zusammenläuft. Es soll vielleicht auch mal das eine oder andere Wort der gepflegten Unterhaltung mitbekommen, um dann in Ehrfurcht zu erstarren vor so viel Weisheit und Frömmigkeit.

Wie gesagt – Simon bereitete ein solches Fest vor. Er war ein angesehener Mann aus der Partei der Pharisäer. Entsprechend groß war die Zahl der Neugierigen, die beobachteten, wie die niedrigen Tische bunt geschmückt und mit ausgewählten Köstlichkeiten gedeckt wurden, wie die Liegekissen und die Wasch- und Salbutensilien von einer emsigen Dienerschar bereitgelegt wurden. Entsprechend groß war auch die Zahl der Berichterstatter, die mich über all das auf dem laufenden hielten.

Ich selbst aber ging nicht hin. Absichtlich nicht. Das war eine andere Welt, in die ich nicht hineinpaßte.

Verstehen Sie, ich meine nicht den Reichtum. Da hätte ich nicht mithalten können, aber ausgesprochen arm war ich auch nicht. Ich meine die Frömmigkeit dieser Leute.

Manchmal konnte man sich schon ärgern, daß sie ihre Gesetzestreue so hochnäsig zur Schau stellten. Andererseits mußte man ihnen auch zugestehen, daß sie es mit Gott wirklich ernst meinten und danach handelten. Ich bringe den Pharisäern nicht gern Hochachtung entgegen – allein schon deshalb, weil sie sie von aller Welt erwarten –, aber eine gewisse Hochachtung haben sie doch verdient. Ganz ehrlich!

Gerade das aber macht den Abstand aus. Ich bin eine Sünderin. Ja, ich will das Wort ruhig aussprechen, denn es ist so. Es gibt noch drastischere Worte dafür, und die wären auch zutreffend. Ich bin nicht eine von jenen, die sich kaltschnäuzig über alle Moral hinwegsetzen, die keine Skrupel kennen, die über Leichen gehen.

Nein, Skrupel hatte ich schon. Mein Gewissen quälte mich; wie Zentnerlasten lag meine Vergangenheit auf mir.

Aber soll ich mir das zum Verdienst anrechnen? Meine Skrupel machen mich vor Gott um keinen Deut besser.

Sehen Sie, darum wollte ich mit den Frommen nichts zu tun haben. Sie erinnerten mich an meine Schuld. Vor ihrer Frömmigkeit erschien ich nur noch schlimmer, so wie sich das Schwarz vor weißem Hintergrund besonders abhebt. Darum hielt ich mich von ihnen fern. Ich wollte nichts mit diesen Leuten zu tun haben.

Nur einmal – da war etwas Merkwürdiges passiert.

Da hatte ein Rabbi mit mir gesprochen: Jesus aus Nazareth. Ganz anders hatte er geredet als die anderen frommen Leute. Von der Liebe Gottes hatte er etwas gesagt und von Vergebung. Mir war es auf einmal so leicht gewesen. Die Zentnerlast war wie abgewälzt. Ich fühlte mich angenommen, nicht mehr hart hinausgestoßen oder verächtlich abgewiesen. Nein, ich fühlte es nicht nur, ich wußte mich von Gott angenommen.

Die Begegnung war nur kurz gewesen. Erst hinterher kam mir so richtig zum Bewußtsein, was eigentlich geschehen war. Seitdem wartete ich darauf, ihn noch einmal zu sehen, diesen Rabbi aus Nazareth, der doch so ganz anders ist als all die anderen frommen Leute.

Darum sprang ich wie vom Skorpion gebissen auf, als man mir erzählte, Jesus sei bei dem Gastmahl des Pharisäers Simon.

Da mußte ich hin! Ich mußte ihm danken, mußte . . . Ja, was sollte ich tun? Wie konnte ich ihm zeigen, was ich ihm gegenüber empfand?

Da fiel mir die Salbe ein. Ich hatte noch ein Fläschchen mit kostbarem Öl, das wollte ich für ihn verwenden.

So schnell ich konnte, lief ich zum Haus Simons. Man wollte mich nicht hineinlassen. Aber ich zwängte mich durch.

Dann stand ich vor der großen Tafel. Alle starrten mich an – erstaunt, hochmütig. Aber ich merkte es kaum. Ich hatte nur Augen für ihn, für Jesus, der mir meine Last abgenommen hatte. Ich sank vor ihm auf die Knie. Die ganze Schuld stand wieder vor mir, das drohende Gericht Gottes, das Unheil, das ich über mich selbst gebracht hatte. Und die Worte der Vergebung kamen mir wieder in Erinnerung, die er mir zugesprochen hatte. Wie froh hatte er mich gemacht, wie reich mich beschenkt!

Überwältigt beugte ich mich über seine Füße. Sie waren nach außen gestreckt, da er auf dem Kissen lag, und die Sandalen abgestreift, wie es üblich ist. Meine Tränen der Ergriffenheit, der Freude, der Dankbarkeit tropften darauf. Ich bemerkte es erschrocken. Womit sollte ich sie trocknen? Ich hatte kein Tuch bei mir. Die Leute des Pharisäers bitten? Nein, das ging nicht!

Meine Haare! Ich löste sie auf und trocknete damit die Tränen, die ihre Spuren in dem Straßenstaub auf seinen Füßen hinterlassen hatten. Warum waren sie vom Gastgeber oder seinen Dienern nicht gewaschen worden? Das gehörte doch zur Bewirtung! Nun, dann mußten sie eben durch meine Tränen gereinigt werden, die immer noch flossen.

Das alles tat ich nicht mit viel Überlegung. Meine Liebe trieb mich dazu, meine Dankbarkeit. Während ich wie im Traum handelte, die gesäuberten Füße küßte, das Fläschchen zerbrach und den duftenden Inhalt darüber ausgoß, hörte ich, was inzwischen am Tisch geredet wurde. Ich achtete kaum darauf, weil ich so ganz von meinem Gefühl beschlagnahmt war. Aber auch ohne, daß ich darauf achtete, gruben sich die Worte in mein Gedächtnis ein, so daß ich sie genau wiederholen kann. Erst später dachte ich darüber nach. Dann erst kam mir so recht zu Bewußtsein, was vorgegangen war.

Jesus wendete sich an Simon. Zu mir sagte er zunächst gar nichts. Bestimmt nicht, weil er mich etwa mit Nichtbeachtung strafen wollte. Er hatte mich ja vorher schon auf eine Weise beachtet, wie ich es noch nie erlebt hatte. Und jetzt ließ er sich die Salbung seiner Füße von mir gefallen.

Der Grund, weshalb er jetzt nicht mit mir, sondern mit Simon sprach, war ein anderer. Er ging auf Simons Gedanken ein. Es lag ja förmlich in der Luft, mit welcher Verachtung der Pharisäer auf mich herabsah.

»Simon, ich habe dir etwas zu sagen!« begann Jesus. Und als der Gastgeber ihn aufgefordert hatte, begann er eine jener Art Geschichten zu erzählen, die er so gern benutzte, um geistliche Wahrheiten deutlich zu machen.

»Ein Gläubiger hatte zwei Schuldner. Einer schuldete ihm tausend Mark, der andere hundert. Als sich herausstellte, daß sie nicht bezahlen konnten, erließ er beiden die Schuld. Was meinst du: Wer von den beiden wird ihn am meisten lieben?«

Simon knurrte etwas. Offensichtlich empfand er die Frage als schulmeisterlich, aber er bequemte sich dann doch zu einer Antwort. »Ich denke, dem er am meisten erlassen hat.«

»Du hast recht«, sagte Jesus, und dann wandte er sich halb zu mir herüber. »Siehst du diese Frau?«

Natürlich sah er mich! Alle sahen mich doch! Alle durchbohrten mich mit ihren abschätzigen, kalten Blicken! Oder wollte Jesus – ? Er wollte mich doch nicht etwa als Vorbild hinstellen!

Tatsächlich! Jesus fuhr fort: »Als ich in dein Haus kam, hast du mir kein Wasser gegeben, um die Füße zu waschen. Sie aber hat meine Füße mit Tränen genetzt und mit ihren Haaren getrocknet. Du hast mir keinen Begrüßungskuß gegeben; sie aber hat meine Füße geküßt, immer wieder, seit sie hereingekommen ist. Du hast meinen Kopf nicht gesalbt; sie aber hat meine Füße mit kostbarer Salbe gepflegt.«

Ach nein, das ist mir jetzt peinlich! Ich als Vorbild für diesen frommen und vornehmen Mann? Eine Sünderin als Vorbild für einen Pharisäer? Da ist doch etwas nicht in Ordnung! Ich bin doch viel schlechter als Simon und all die anderen Leute!

Ich schäme mich. Allerdings – ich habe mich ja nicht selbst als Vorbild hingestellt. Das hat Jesus getan. Ich habe mich auch nicht aufgedrängt. Zwar bin ich hier etwas unsanft eingedrungen, aber nicht, um die hohen Herrschaften zu blamieren. Nur, weil ich zu Jesus wollte. Ich wollte ihm doch nur meine Liebe zeigen, meine Dankbarkeit!

Erst allmählich begreife ich, daß Jesus genau das sagen will. Nicht mein Handeln stellt er in erster Linie als vorbildlich hin, sondern meine Liebe. »Ich sage dir«, fährt er zu Simon gewandt fort: »Ihr sind viele Sünden vergeben. Das zeigt sich darin, daß sie viel liebt. Wem dagegen wenig vergeben worden ist, der liebt wenig.«

Ja, ich liebe ihn. Heißt das, daß meine Sünden wirklich und ausnahmslos, vollgültig vergeben sind? So, als hätte ich nie etwas Verwerfliches, etwas Gemeines, etwas Verbotenes, etwas Gotteslästerliches getan? Sieht mich Gott wirklich so an, als wäre meine ganze dunkle Vergangenheit durchgestrichen, als wäre ich gerade neu geboren?

Ich kann es kaum fassen. Meine Augen lösen sich von den Füßen des Gottesmannes und suchen durch die Tränen hindurch seinen Blick. Tatsächlich – jetzt sieht er mich an. Dieser Blick voller Erbarmen geht mir durch und durch. Auf eine andere Art allerdings als die bohrenden Blicke der übrigen Gäste. Voller Güte sieht er mich an. Während die Blicke der anderen frostig sind und mir Schauer des Schreckens über den Rücken jagen, ist sein Blick voller Wärme. Ich fühle mich von ihm angenommen.

Dabei wirkt er nicht anbiedernd. Er bleibt der Heilige. Ich habe nie einen heiligeren Mann gesehen. Aber ich mache die Entdeckung, daß Heiligkeit nicht Hochmut ist, nicht himmelweiter Abstand zu den Sündern, nicht tote Gesetzestreue zum eigenen Nutzen, sondern Liebe.

»Dir sind deine Sünden vergeben«, sagt er zu mir. Zu mir, die sich so viel hat zuschulden kommen lassen, daß man sich schämen müßte, auch nur einen Bruchteil davon zu erzählen. Aber ihm glaube ich es! Keinem anderen würde ich es abnehmen. Kein anderer könnte mich aus meiner Verzweiflung ziehen, könnte die Last von meinem Gewissen wälzen. Jesus aber kann es! Ich kann nicht erklären, warum das so ist. Aber ich weiß es! Ich erlebe es doch! Wer ihm so begegnet wie ich – demütig und in Liebe –, der wird das auch erleben. Der wird das bestätigen: Jesus kann wirklich Sünden vergeben!

Überglücklich bin ich! Was kümmert mich das Gemurmel der Leute! Natürlich sind sie damit nicht einverstanden, daß Jesus so mit mir spricht. Sie hätten es wohl lieber, daß überhaupt nie Sünden vergeben werden. Dann könnten sie mit ihren wenigen Sünden Gott viel näher sein als die Masse des schlechten Volkes. Nun ärgern sie sich, daß die Dinge umgekehrt werden.

Umgekehrt? Ja, so unglaublich das klingt: Ich weiß

mich auf einmal Gott näher als sie. Ich weiß mich von Gott angenommen. Fast schnürt es mir den Atem ab. Fast wage ich nicht, es zu Ende zu denken, und doch ist es so: Ich bin von Gott geliebt! Durch Jesus weiß ich das!

Der Protest der Leute am Tisch wird lauter. Wer ist dieser Jesus, daß er sich das herausnimmt? Was untersteht er sich, die stadtbekannte Sünderin von ihrer Schuld so mir nichts, dir nichts loszusprechen und sie, die frommen Leute, zu kritisieren?

Das Murren macht mich nun doch unsicher. Ist mir doch sowieso fast schwindelig bei dem Neuen, Großartigen, das da so unverhofft auf mich zukommt. Haben sie nicht recht? Bilde ich mir die Gnade Gottes vielleicht nur ein, weil ich sie gern glauben möchte? Ist mein Wunsch der Vater des Gedankens? Habe ich mich in meiner Notlage in einen seelischen Höhenflug gesteigert, der jeder vernünftigen Grundlage entbehrt? Ich zittere, das Herrliche, was ich gerade erlebe, könnte mir wieder genommen werden.

Aber dann spricht Jesus. Alle sind still, als er den Mund aufmacht. Aber nicht zu ihnen spricht er, sondern zu mir. »Dein Glaube hat dir geholfen. Gehe hin mit Frieden!«

Ja, ich ging hin mit Frieden! Und ich behielt den Frieden! Mein Herz schien springen zu wollen, weil es das Glück, die Freude nicht fassen konnte. Ich weiß nicht mehr, ob ich wie träumend und in mich versunken die Gesellschaft verließ oder lachend und springend. Ich weiß nur noch, daß ich hinging mit Frieden. Mit dem Frieden, den Jesus mir geschenkt hatte.

Der Unentschlossene vom See Genezareth

Ich hab's gesehen! Mit diesen meinen Augen habe ich es gesehen. Mögen die Leute mich auch für verrückt erklären. Ich war nicht betrunken und habe keine Halluzinationen gehabt. Im Gegenteil: Die subjektiven Eindrücke, die ich zunächst hatte, haben mich zögern lassen. Was mich dann aber überzeugt hat, waren die objektiv feststellbaren Tatsachen.

Aber lassen Sie mich der Reihe nach berichten.

Als immer mehr von Jesus erzählt wurde, machte ich mich auch zu ihm auf. Ich wollte mir selbst ein Urteil bilden. Was ich hörte, übertraf alle Erwartungen. Seine Worte waren einfach und klar. Jeder wußte, was gemeint war. Und jeder wußte, wer gemeint war, nämlich er selbst. Was der Rabbi sagte, betraf unseren Alltag. Unser Reden und Handeln, unser Feiern und Trauern, unser Leben und Glauben.

Darin unterschieden sich seine Worte wohltuend von dem, was wir von den Schriftgelehrten zu hören bekamen. Das war graue Theorie, leblos und kraftlos. Sicher, sie beriefen sich auch auf die von Gott gegebenen Schriften, aber Gott selbst schien nicht durch ihre Worte zu reden, wie wir bei Jesus den Eindruck hatten. Ihre Lehren hatten zwar auch mit unserem Alltag zu tun, sie reglementierten ihn sogar bis ins kleinste. Aber sie engten damit unser Leben ein, während Jesus es weiter machte, freudiger und freier, kraftvoller und geborgener. Für die Schriftgelehrten war Gott der strenge Sklavenhalter. Jesus schilderte ihn uns als den liebenden Vater.

Das alles fesselte mich ungeheuer. Ich suchte Gelegenheit, ihn öfter zu hören. Das aber war nicht ganz einfach, denn gerade in dieser Zeit lag mein Vater im Sterben. Ich konnte also nicht immer von zu Hause fort. Doch gerade in diesen leidvollen Wochen halfen mir die Worte Jesu. Sie gaben mir Trost, den ich sonst nirgends bekommen hätte.

Es fügte sich gut, daß Jesus, der ja aus Nazareth stammte, nun seinen Wohnsitz in Kapernaum genommen hatte. Er ging oft durch die Orte um den See Genezareth. So hatte ich trotz der Bindung an Haus und Familie Gelegenheit, ihn öfter zu hören.

An dem Tag, von dem ich erzählen will, hatte sich wieder eine große Menschenmenge um ihn gesammelt. Mir war es gelungen, in seine unmittelbare Nähe zu kommen.

Aber Jesus hielt diesmal keine Rede. Er gab an Petrus und die anderen aus dem engen Jüngerkreis die Anordnung, das Boot fertigzumachen. Er wollte über den See fahren und am anderen Ufer die Stille suchen.

Da trat ein Schriftgelehrter aus der Menge der Umstehenden hervor und sagte zu Jesus: »Rabbi, ich will mit dir gehen, wohin du auch gehst. Ich will auch dein Jünger sein.«

Ein allgemeines Murmeln des Staunens breitete sich aus. Gut – mit Jesus über den See fahren, in die enge Gemeinschaft aufgenommen werden, die sich um ihn geschart hatte – das wollten viele. Aber, daß das ein Schriftgelehrter sagte! Alle Achtung! Es bewies, daß dieser Mann die Hohlheit seiner bisherigen Lehre erkannt hatte. Er war von seinem hohen Roß heruntergestiegen und bereit, noch einmal in die Lehre zu gehen. Er wollte ganz von vorne anfangen, und Jesus sollte sein Meister sein. Das würde Jesus sicher freuen. Aber der sagte: »Die Füchse haben ihre Erdhöhlen und die Vögel ihre Nester. Ich aber habe nichts, wo ich mich niederlegen kann.«

Das stimmte natürlich. Diese Situation hier bewies ja gerade, daß er über den See fliehen mußte – sogar bei schlechtem Wetter –, um zur Ruhe zu kommen. Und das vor Menschen, die ihm wohlgesonnen waren. Wie erst mochte es werden, wenn der Widerstand der Pharisäer und ihrer Gesinnungsgenossen sich formiert haben würde! Erste Anzeichen dafür waren bereits zu beobachten. Dann würde Jesus erst recht fliehen müssen von Ort zu Ort. Aber gerade angesichts dieser Gefahr war es wichtig, daß sich ein Schriftgelehrter – vielleicht ein erster unter vielen – auf seine Seite stellte. Da durfte Jesus ihn doch nicht zurückweisen. Es mußte den Mann doch abschrecken, wenn der Rabbi, statt ihn mit offenen Armen willkommen zu heißen, ihm die Bitterkeit solch eines Lebens schilderte.

Als ich meinen Blick von dem Schriftgelehrten wieder auf Jesus richtete, bemerkte ich, daß er mich ansah. Nicht so flüchtig, wie man seine Augen über die Menge schweifen läßt, und dann eben hier und da hängen bleibt – nein, er sah mich bewußt an.

Das Blut stieg mir in den Kopf. Plötzlich fühlte ich mich gemeint. Jetzt war nicht mehr von dem Schriftgelehrten die Rede, sondern von mir. »Folge du mir nach!« sagte Jesus.

Ich? Aber . . .! Warum denn ich? Wie kam er denn auf mich? Nun, er hatte mich wahrscheinlich öfter unter seinen Zuhörern gesehen. Aber er kannte mich doch gar nicht. Oder doch?

Aber wenn er den Schriftgelehrten warnte, er würde heimatlos werden – galt das nicht auch mir? Wenn der sich gründlich überlegen sollte, ob er es würde durchhalten können – mußte ich das nicht auch?

Doch, ich wollte wohl! Ich wollte um seiner Botschaft willen das gemütliche Heim verlassen und mit ihm ziehen – nicht nur auf den ungemütlich werdenden See hinaus, sondern auch weiter, mit allen Konsequenzen.

Nur – der gegenwärtige Zeitpunkt war ausgesprochen ungünstig. Man hat ja auch familiäre Verpflichtungen. »Herr, ich will mit dir gehen, aber erlaube mir, daß ich vorher noch meinen Vater begrabe.«

Seine Antwort erschreckte mich zutiefst. Aber je mehr ich später darüber nachdachte, desto treffender schien sie mir in meiner Lage. »Laß die Toten ihre Toten begraben« – er sprach von den geistlich Toten –, »gehe du aber hin und verkündige das Reich Gottes!«

Seine Worte entfachten in mir einen Sturm der Gedanken und Gefühle. Mit einem aufgewühlten Herzen ließ Jesus mich zurück, als er jetzt in das Boot stieg. Aufgewühlt wie das Wasser, auf das die wenigen Männer nun hinausruderten.

Die Menge am Ufer zerstreute sich. Nur ich blieb stehen und sah Jesus und seinen Jüngern nach.

Noch fiel es mir schwer, mir die Sicht des Rabbi zu eigen zu machen. Aber ich begann zu verstehen, worum es ging: Die Frage nach leiblichem Tod oder Leben mußte zurücktreten hinter die Frage nach einem Leben, das ewig bleibt. Das Verhältnis zu meinem Vater hatte zurückzutreten hinter das Verhältnis zum Vater im Himmel, wie Jesus den heiligen Gott zu nennen wagte. Das kleine private Reich in Haus und Familie hatte zurückzutreten hinter die große Aufgabe, Gottes Reich zu bauen.

Als ich das Boot plötzlich nicht mehr sah, schreckte mich das aus meinen Überlegungen auf. Die Entfernung hatte das Schiff klein werden lassen, aber noch konnte man es erkennen, wenn es nicht wie jetzt gerade in einem Wellental verschwand.

Der Sturm hatte zugenommen und peitschte die Wogen zu einer Höhe empor, wie man es hier am See Genezareth nur selten beobachtet. Hier drohte wirkliche Gefahr. Boote von dieser Größe – größere gab es ja auch kaum am See – konnten bei solchem Wetter nicht quer hinüberfahren. Jeder Fischer wußte, daß er bei einer Überfahrt sehr genau aufs Wetter achten mußte. Beim Fischen war das nicht so schlimm. Da war man in Ufernähe und konnte notfalls schnell zurück. Aber von der Mitte des Sees aus . . .

Da zeichnete sich der Umriß des Bootes wieder gegen den helleren Hintergrund ab. Eine Welle hob es hoch empor, um es gleich darauf wieder hinunterschießen zu lassen.

Hatte ich richtig gesehen? Fehlte da nicht einer? Aber das konnte auch ein Irrtum sein. Die Entfernung war inzwischen beträchtlich, und bei der Bewegung des Schiffes war nicht viel zu erkennen.

Da tauchte es wieder auf, und ich strengte meine Augen an. Natürlich konnte ich niemanden erkennen. Aber wieder war es mir, als fehlte eine Gestalt unter den Männern, die offensichtlich mit den Elementen kämpften. Da war doch hoffentlich niemand über Bord gegangen?

Später haben sie mir erzählt, Jesus hätte geschlafen.

Ja, Sie haben richtig gelesen – geschlafen! Im Bug des Schiffes hätte er auf einem Kissen gelegen. Daß er übermüdet war, konnte ich verstehen. Aber daß jemand bei solch einem Sturm schlafen kann, in einer Nußschale von Boot hinauf- und hinuntergeschleudert, dem Kentern bedrohlich nahe, naßgespritzt von der Gischt, die über die Bordwand schlägt, unter dem Krachen der Brecher und dem Schreien der Seeleute – das ist fast unmöglich. Es sei denn, jemand ist bei aller äußeren Ungeborgenheit tief innerlich geborgen in Gott, dem Allmächtigen.

Aber wie gesagt, dafür bin ich kein Augenzeuge. Das habe ich mir später berichten lassen. Selbst gesehen habe ich aber, was dann geschah: Vorn im Bug stand plötzlich eine Gestalt, hochaufgerichtet, so daß ich fürchtete, der Mann müßte gleich über Bord gehen. Er reckte den Arm aus und da . . .

Ich traute fast meinen Augen und Ohren nicht: Es war plötzlich still! Völlig still! Von einem Augenblick zum anderen hörte der Sturm auf zu heulen und zu fauchen. Wie abgeschnitten! Die Wasseroberfläche war in Sekundenschnelle von einem brodelnden Kessel in eine fast spiegelglatte Fläche verwandelt!

Unglaublich und doch offensichtlich! Es war, wie wenn man aus einem bösen Traum gerissen und geweckt wird. Aber hier war nichts Traum, weder das schreckliche Unwetter vorher noch die Stille jetzt.

Von den Menschen auf der Uferstraße hörte ich Ausrufe des Staunens. Man rief sich zu, man rätselte. Ich wußte, was geschehen war, und allmählich redeten auch die anderen davon: Jesus hatte wieder ein Wunder getan.

Es war diesmal ein überwältigendes Wunder, denn daß Kranke gesund wurden, das mochte man, wenn man nicht an Jesus glauben wollte, noch auf manche andere Weise erklären. Aber was hier geschehen war, das war so weit jenseits aller menschlichen Erklärungsversuche, daß es nur die göttliche Macht beweisen konnte, die dahinterstand.

Was ist das nur für ein Mann, dem Wind und Meer gehorchen müssen!

Der Pastor mit der todkranken Tochter

Ja, ich kenne Jesus. Nicht so oberflächlich, wie man jemanden kennt, von dem alle reden und dem man mal begegnet ist. Ich kenne ihn als den von Gott Gesandten. Ich glaubte an ihn im Vollsinn des Wortes.

Dieser Glaube hat natürlich seine Geschichte. Er war nicht von Anfang an da. Im Gegenteil, am Anfang war Skepsis. Wissen Sie, wenn man wie ich Synagogenvorsteher ist, dann weiß man ja schon ziemlich alles in religiösen Dingen. Wenn dann irgend etwas Neues geschieht, will man sich nicht verunsichern lassen. Ich verstehe, daß so viele Pharisäer und Schriftgelehrte zu den Gegnern von Jesus zählten. Das einfache Volk ist da viel unbefangener.

Vielleicht wäre ich auch reserviert geblieben, wenn nicht die Not mich zum Umdenken gezwungen hätte. Meine Tochter wurde schwer krank.

Oft ist es ja so, daß die Not uns in eine Krise führt. Oder sagen wir besser: Gott führt uns durch die Not in eine Krise, an einen Punkt, wo sich in unserem Leben etwas Wichtiges entscheidet: Ja oder nein zu ihm, Bewältigung unseres Leben mit oder ohne Gott.

Als die Krankheit meines zwölfjährigen Mädchens immer bedrohlicher wurde, keimte in mir die Hoffnung auf, ihr könnte durch Jesus geholfen werden. Hatten nicht schon viele erzählt, daß er sie geheilt hatte? Und mußte die Vollmacht, die er hatte, nicht von Gott kommen, auch wenn man in theologischen Kreisen dazu noch sehr zurückhaltend war?

Ich mußte zu ihm! Ich konnte bei meinem todkranken Kind nicht warten, bis die offizielle Theologie eine einheitliche Meinung gefunden hatte. Es galt, schnell Hilfe zu holen.

Jesus aber war nicht da. Er war über den See gefahren. Hinüber ins heidnische Land um Gadara.

Als ich noch mit mir rang, ob ich ihm einen Boten nachsenden sollte, verschlimmerte sich die Krankheit so sehr, daß ich fürchten mußte, die Hilfe Jesu käme sowieso zu spät. Aber dann kam die Nachricht, die neue Hoffnung weckte: Jesus war zurückgekommen.

Ich verließ das Krankenlager meines Kindes und eilte zu der Bootsanlegestelle, wo sich schon viele Menschen versammelt hatten. Sie warteten alle auf ihn. Darunter waren Kranke und andere, die sich Hilfe für leidende Angehörige versprachen. Auch solche, die begierig nach seinen Worten waren. Und schließlich viele Neugierige.

Als ich die Menge sah, zögerte ich einen Moment. Man stürzt sich als Mann aus der vornehmen Gesellschaft ja nicht so gern in den Trubel. Man schreitet lieber würdevoll durch die Straßen und läßt sich von allen ehrfürchtig grüßen, als daß man mit dem Pöbel gemeinsam einem anderen begeistert zujubelt. Zumal noch nicht feststand, wer dieser eine eigentlich war – ein von Gott Gesandter oder ein Scharlatan.

Aber ich überwand mein Zögern schnell. Jetzt konnte ich auf solche Gefühle keine Rücksicht nehmen. Das Leben meiner Tochter stand auf dem Spiel. Was galt da schon mein Stolz als Synagogenvorsteher!

Ich wühlte mich durch die Menge. Die Angst trieb mich vorwärts. Ich fiel vor Jesus auf die Knie und flehte ihn an, mit mir zu kommen. Was ich gesagt habe, weiß ich nicht mehr. Nur, daß ich verzweifelt war, daß meine ganze Angst in den Worten lag, aber auch mein Glaube an ihn.

Ja, ich glaubte, daß er helfen würde. Ich konnte nicht anders, um nicht unter meiner Last zu zerbrechen. Ich mußte eine Hoffnung haben, irgendeine begründete Hoffnung. So bildete sich aus meiner Not und meiner Suche nach dem rettenden Strohhalm und den Berichten, die ich gehört hatte, so etwas wie Glaube.

Ein zaghafter Blick nach oben. Was würde er antworten? Was würde ich in seinen Augen lesen können? Sein Ja las ich darin. Ja, er wollte mir helfen. Ja, er wollte mit mir gehen. Ich wagte aufzuatmen.

Schnell erhob ich mich. Jetzt, wo es Hoffnung gab, ging es um jede Minute. Ach was, um jede Sekunde. »Folge mir, Meister, schnell, bitte dorthin!«

Auf einmal blieb er stehen. Warum denn nur?

Die ganze Menge, die sich mit uns in Bewegung gesetzt hatte, blieb auf einmal mit stehen. Ich notgedrungen auch.

Jesus sah sich um und fragte: »Wer hat mich angerührt?« Angerührt? Was heißt denn angerührt? Alle haben ihn angerührt! Von allen Seiten bedrängen sie ihn doch. Drei, vier, fünf Personen rühren ihn immer zu gleicher Zeit an! Und da fragt er...

Simon, der Fischer, der seit einiger Zeit mit Jesus unterwegs ist und der sich jetzt Petrus nennt, fragt das auch: »Meister, das Volk drängt und drückt von allen Seiten. Wie kannst du denn da fragen, wer dich angerührt hat?«

Aber ich finde, es ist doch nun wirklich egal, wer ihn angefaßt hat, ob Hunderte oder gar keiner! Wie kann man denn wegen so einer nebensächlichen Frage wertvolle Sekunden verlieren, wo es doch um Leben oder Tod geht!

Aber Jesus scheint das gar nicht so unwichtig zu finden. »Es hat mich jemand angerührt«, sagt er, »denn ich fühle, daß eine Kraft von mir ausgegangen ist.«

Eine Kraft? Was meint er damit?

Da tritt schüchtern eine Frau aus der Menge heraus, direkt vor Jesus hin. Dort fällt sie auf die Knie nieder. Alle blicken auf sie. Ringsum wird es still. Jeder wartet, was sie sagen will. Dann wagt sie zu sprechen, zitternd und mit bewegter Stimme. Es liegt nicht nur Furcht und Ehrfurcht darin. Auch eine merkwürdige Freude.

Während ich unruhig von einem Bein auf das andere trete, beginnt sie weitschweifig zu erzählen. Zwölf Jahre sei sie krank gewesen, und niemand habe ihr helfen können. Die Behandlungen der Ärzte hätten ihr ganzes Vermögen verschlungen. Und dieser und jener hätte ihr nicht helfen können. Eine neue Methode hätte auch nichts genützt. Eine arme Frau wäre sie dabei geworden und, und...

Ich werde immer nervöser. Ist ja tragisch, was sie da von ihren zwölf Leidensjahren erzählt. Aber muß das gerade jetzt sein? Zwölf Jahre Krankheit sind lang, gewiß. Aber die zwölf Jahre, die wir mit unserer geliebten Tochter gelebt haben, sind auch lang. Lang genug jedenfalls, daß sie zu uns gehört. Zu kurz aber, wenn sie nun zu Ende sein sollen.

Ausführlich berichtet die einfache Frau weiter. Sie habe sich von Jesus Hilfe versprochen, die einzige mögliche Hilfe.

Das kann ich verstehen, geht es mir doch genauso.

Sie habe sich gesagt, es müsse doch reichen, sein

Gewand zu berühren. Oder sogar nur die Quasten, die an dessen Rand befestigt sind. Dann würde ihr sicher geholfen. Und da sei sie vorsichtig von hinten gekommen, habe die Quasten angefaßt und sogleich gemerkt, daß sie gesund geworden sei.

Das hört sich ja seltsam an. Nur eine Berührung soll sie gesund gemacht haben?

Nein, nicht die Berührung. »Dein Glaube hat dir geholfen«, sagt Jesus. »Gehe hin mit Frieden!«

Glaube? Ja, glauben will ich auch. Jetzt erst recht! Dieses Wunder bestätigt es mir noch einmal: Jesus kann Wunder tun. Er kann heilen. Er kann in scheinbar aussichtslosen Lagen helfen. Ja, ich glaube! Aber – so sehr mir diese Begebenheit meinen eigenen Glauben gestärkt hat – jetzt ist es höchste Zeit zu gehen! Meine Tochter liegt in den letzten Zügen. Es kann bald zu spät sein!

Da drängt sich plötzlich einer meiner Diener durch die umstehende Menge. Was will der denn? Doch nicht etwa...? Die Augen, der traurige Gesichtsausdruck! Doch! »Deine Tochter ist gestorben!«

Wie ein Schlag trifft mich der Satz! Ein harter, vernichtender Schlag.

»Bemühe den Meister nicht weiter.«

Tot! Meine Tochter ist tot! Mein geliebtes Kind! Nie mehr wird es mir lachend entgegenkommen. Nie mehr wird es fröhlich über die Straße tollen. Nie mehr wird es mit seinem frohen Singen das ganze Haus erfüllen. Nie mehr wird es mit seinen neugierigen Fragen in meinem Wissen herumstochern. Nie mehr wird es jauchzend in meine Arme springen. Nie mehr ... Tot ist sie. Nicht mehr da. Unwiederbringlich tot.

Ich falle zusammen wie ein baufälliges Haus. Nicht äußerlich, aber seelisch. Die Freude meines Lebens ist dahin. Und ohne Freude kann man nicht richtig leben. Vielleicht werde ich mich an den Schmerz gewöhnen. Aber ich kann mir nicht vorstellen, daß ich je wieder selbst lachen oder singen werde. Oder Gott loben und fröhlich glauben.

Glauben? Nein, auch mein Glaube ist zerbrochen. Zaghaft hat mein Vertrauen zu Jesus angefangen. Es war mit der Not gewachsen, und es hat sich zu fast grenzenlosem Vertrauen gesteigert, als ich eben das offensichtliche Wunder miterlebte. Aber es ist enttäuscht worden. Mein Glaube fällt genauso in sich zusammen wie ich selber.

Es klingt in meinen Ohren fast wie Hohn, was Jesus da sagt. »Fürchte dich nicht, glaube nur, so wird sie gesund.« Was heißt hier: »Fürchte dich nicht«? Man fürchtet nur das Kommende. Gefürchtet habe ich mich vorher. Jetzt leide ich nur noch. Was heißt schon: »Glaube nur«? Mein Glaube ist zusammengebrochen. Was soll auch jetzt noch glauben nützen, wo sie tot ist? Und was heißt:». . . so wird sie gesund«? Ein Toter kann nicht gesund werden. Was sind das für unsinnige Worte. Will er mich verhöhnen? Will er meinen Schmerz noch vergrößern?

Nein, das kann ich mir bei Jesus nicht vorstellen.

Was aber dann? Ich weiß es nicht. Ich kann sowieso nicht richtig denken. Ich bin wie vor den Kopf geschlagen.

Wir gehen zu meinem Haus. Ich zeige zwar den Weg, aber der eigentliche Führer ist er. Wie im Traum sehe ich die Nachbarn und die Klagefrauen bereits vor dem Haus versammelt. Ihr Geschrei dringt mir durch und durch. Sie können es wohl nicht eilig genug haben.

Jesus sagt: »Hört auf zu weinen. Sie ist nicht gestorben, sie schläft nur!« Da lachen sie alle. Ja, sie lachen. Eben haben sie noch laut geweint. Alles nur Maske!

Ich schäme mich für Jesus, soweit ich überhaupt an dem teilnehme, was um mich her geschieht. Wie kann er auch so etwas sagen, wo er das Kind noch nicht einmal gesehen, geschweige denn untersucht hat! Aber die Sicherheit, mit der er das sagt, verblüfft mich. Offenbar auch die anderen. Denn es wird still.

Jetzt geht Jesus hinein und schickt alle Leute raus. Nur meine Frau und ich dürfen mit in das Zimmer, wo unsere Tochter liegt, und drei seiner Vertrauten: Petrus und die beiden Söhne des alten Fischers Zebedäus.

Ja, und jetzt? Wir stehen herum. Meine Frau und ich halb betäubt, voller Spannung.

Jesus tritt an das Lager und schaut in das bleiche Gesicht. Dann nimmt er ihre Hand und sagt: »Mädchen, steh auf!«

Träume ich? Spiegelt mir die Verzweiflung Trugbilder vor? Oder ist es Wahrheit, was ich durch meinen Tränenschleier sehe?

Das Kind öffnet die Augen!

Dann richtet es den Oberkörper auf!

Farbe kommt in die Wangen!

Es reibt sich die Augen, fährt sich übers Gesicht, als wollte es das Dunkel der letzten Zeit abstreifen, sieht Jesus an, lächelt, sucht uns mit seinen Blicken, findet uns, lächelt wieder, ruft uns an...

Unser Kind lebt! Rabbi, du hast ein Wunder getan!

Danke! Danke! Du bist der, den Gott gesandt hat! Lob sei dir!

Ein unfaßliches Wunder ist geschehen. In unserer Familie! Zu wem sollen wir zuerst mit unseren zitternden Knien wanken? Zu Jesus, um ihn anzubeten, oder zu unserem Kind, um es in den Arm zu nehmen, um es unter den Lebenden zu begrüßen?

Überhaupt – wie sollen wir sie behandeln? Wie geht man mit jemandem um, der eben von den Toten ins Leben zurückgekommen ist?

»Gebt ihr zu essen!« sagt Jesus. Zu essen? In solchen heiligen Augenblicken essen?

Warum nicht? Jesus hat immer nüchtern gesprochen und nie die Stimmung angeheizt. Seine Machttaten sind nicht abhängig von seelischer Hochspannung. Das Kind hat lange nichts zu sich genommen und ist darum entkräftet. Nun muß es eben essen.

Wir sollen niemand erzählen, was vorgegangen ist, sagt er noch.

Wir haben uns bemüht. Aber wie soll man solch ein Wunder geheimhalten? Die Leute sahen ja, daß das Kind bald wieder fröhlich auf den Straßen spielte. Und sie sahen sicher auch an mir eine Veränderung. Ich war nun ein Mensch geworden, der an Jesus glaubte. Und das hat mich glücklicher gemacht als die Tatsache, daß meine Tochter lebte.

Der Ratsherr und sein diskreter Besuch

Nur einmal habe ich ihn aus der Nähe gesehen, und das war auch noch nachts. Über sein Aussehen kann ich also nicht viel sagen.

Ach ja, später, als er gestorben war, habe ich seinen Leichnam gesehen. Mit Josef zusammen, der das Grab für ihn zur Verfügung stellte, habe ich mich um die nötigen Dinge gekümmert. Aber ein Toter sieht ja immer ganz anders aus.

Aber was soll's? Das Aussehen ist ja nicht wichtig. Die Wirkung, die er auf mich hatte, ging weniger von seiner äußeren Erscheinung aus. Es war seine Rede, die mich fesselte. Und zwar nicht nur das »Was«, sondern auch das »Wie«.

Noch mehr aber wunderte ich mich über die offensichtlichen Wunder, die er tat. Sie geschahen ja an verschiedenen Orten überall im Land. In meiner Stellung bekam ich darüber viele Informationen. Wann hatte man jemals davon gehört, daß einer dem Sturm gebot, und der legte sich. Daß jemand mit einem Machtwort böse Geister austrieb. Und dann die Heilungen! Sicher gab es auch Leute, die auf irgendeine mehr oder weniger geheimnisvolle Weise gesund machen konnten, wobei die Grenzen zwischen wirklicher Heilung und Scharlatanerie nicht immer klar gezogen werden konnten.

Mit Jesus aber war das anders. Seine Wunder waren frei von Schaueffekten und Sensationsmache und Massenpsychosen. Sie waren offensichtlich, so klar, so exakt nachprüfbar, daß es dafür nur eine Erklärung gab: Gott mußte sie durch ihn bewirkt haben.

Meine Herren Kollegen vom Hohen Rat sahen das alles natürlich auch. Aber es fehlte ihnen die Ehrlichkeit, es anzuerkennen. So sind die Menschen: Sie glauben meistens nur, was sie glauben wollen. Und wenn nicht zu leugnen ist, was nicht in ihr Denkschema paßt, deuteln sie solange daran herum, bis sie es ins Gegenteil verkehrt haben.

Ich wollte mich daran nicht beteiligen. Ich wollte die Wahrheit herausfinden. Das war besonders schwierig, weil ich mich damit gegen alle anderen stellen mußte. Jesus hatte in unseren Kreisen nicht viele Freunde. Wenn ich aus der Front ausbrach, die sich gegen den Rabbi gebildet hatte, konnte das üble Folgen haben.

Trotzdem – um der Wahrheit willen mußte ich es wagen.

Aber man soll seine Gegner nicht unnötig reizen. Am besten, ich suchte heimlich Kontakt mit Jesus. So tat ich es. Ich wußte, wo er sich aufhielt. Als es Nacht und in Jerusalems Straßen still geworden war, ging ich und suchte Jesus auf. Er war durchaus nicht ungehalten über die Störung. Ich war froh, konnte ich doch nun endlich einmal ohne Zeitdruck konzentriert über all die wichtigen Fragen sprechen, die mich bewegten. Wie aber sollte ich anfangen?

»Wir wissen, daß du ein Lehrer bist, den Gott geschickt hat«, begann ich. Das war schließlich der Grund, weshalb ich hier war. Seine Zeichen und Wunder waren einmalig. Und nun erhoffte ich mir von unserem Gespräch weitere Klärung. Wenn er mich mit seinen Worten überzeugen sollte, daß er der Messias sei, war ich bereit, sogar das zu glauben. Etwas Unerhörtes für einen geachteten frommen Juden. Aber ich war bereit dazu, wenn... Nun ja, erst mal hören, was er sagt.

Seine Antwort verblüffte mich. »Jemand, der nicht neu geboren wird, kann das Reich Gottes nicht sehen.« Was sollte das heißen? Warum sagte er das so unverblümt, gerade am Anfang unseres Gespräches? Das konnte doch nur bedeuten, daß er die guten Voraussetzungen, die ich mitbrachte, nicht sehr hoch einschätzte. Das war schmerzlich. Aber ich war soweit gegangen, hierherzukommen. Da wollte ich auch jetzt nicht wegen so einer schockierenden Bemerkung beleidigt wieder abziehen.

Meine vorbildliche Lebenshaltung und mein umfangreiches Wissen waren also nicht der Weg, der mich zu Gott führen konnte.

Was aber dann? Eine Neugeburt! Was sollte das heißen: Neu geboren werden? Sicher war nicht gemeint, daß jemand wieder ein Baby oder gar ein Embryo wird, und dann erneut zur Welt kommt. Das sagte ich ihm auch.

Jesus erklärte, was ich schon vermutet hatte: Daß er das geistlich meine. Was nach der menschlichen Weise geboren würde, sei eben menschlich und bliebe es auch. Das fand ich einleuchtend. Und was durch den Geist geboren werde, das sei geistlich.

Ich bemühte mich, konzentriert zuzuhören. Irgendwie spürte ich, daß es hier um ganz große und tiefe Wahrheiten ging. Aber mein geschulter Verstand tat sich schwer, das wirklich zu erfassen.

Wenn es darum ging, Verbindung mit Gott zu bekommen, so konnte das nur auf eine gottgemäße Weise geschehen. Geistlich also, auf der Ebene der unsichtbaren göttlichen Dinge, außerhalb unserer Denkgewohnheiten und unserer Sinneserfahrungen. Eben geheimnisvoll wie der Wind, dessen Sausen man hört, dessen Wirkungen man spürt, aber von dessen Woher und Wohin niemand etwas sagen kann. Jesus selbst gebrauchte dieses Bild.

Ich verstand das. Ich akzeptierte auch, daß es sich bei dem Reich Gottes eben um etwas völlig anderes handelt als das, was wir zu sehen und zu hören, zu denken und zu erforschen gewohnt sind. Ich war sogar gewillt anzuerkennen, daß ein religionsphilosophisches Gespräch, wie ich es geplant hatte, nicht weiterbrachte, sondern daß es um mehr, um existenzielle Erfahrungen geistlicher Art gehen mußte. Aber wie? Wenn Gott weder mit unserem Denken und Wissen, noch mit unserem frommen Leben zufrieden war – wie denn dann? Wie um alles in der Welt kommt man ins Reich Gottes?

Jesus gab eine Antwort, die mich zunächst noch mehr verunsicherte: »Du bist ein Meister in Israel und weißt das nicht?«

Nein, das wußte ich nicht. Das hatte mir niemand von meinen klugen Lehrern erklärt. Vielleicht, weil sie es selbst nicht wußten. Darauf war ich auch bei meinen eigenen Schriftstudien nicht gekommen. Sämtliche Gesetze aus allen Schriften Moses kannte ich und die Auslegungen der Gelehrten dazu. Sämtliche Worte der Propheten wußte ich auswendig und konnte genau angeben, wo sie standen. Aber von diesem geheimnisvollen Schritt ins Reich Gottes hinein hatte ich nirgends gelesen. Oder hatte ich es überlesen?

Vielleicht ging es hier gerade nicht ums Gesetz. Sicher ging es um mehr.

Als dann das Wort Glauben fiel, war ich fast enttäuscht. Glauben? Das kannte ich natürlich. Das war ja nichts Neues. Schon Abraham glaubte dem Herrn, und das rechnete ihm Gott als Gerechtigkeit an.

Aber »Glaube« ist ein schillernder Begriff. Er kann ebenso auf irdische wie auf himmlische Dinge angewendet werden. Natürlich hatte Jesus recht: Wenn die Menschen schon nicht glaubten, was er zu den klar erkennbaren Dingen dieser Welt sagte, wie würden sie glauben, was er zu den geistlichen Dingen zu sagen hatte?

Aber ich – ich wollte doch wissen, was es mit dieser Art Glauben auf sich hatte. Ich war doch gekommen, weil mich seine sichtbaren Zeichen überzeugt hatten. In dem vordergründigen Sinn also glaubte ich. Aber was hatte es mit diesem tieferen Glauben auf sich, mit der neuen Geburt?

Während Jesus weitersprach, begann mir langsam zu dämmern, was er meinte. Er redete von sich, wenn er vom Menschensohn sprach, der vom Himmel auf die Erde kam. Ob nicht vor mir der Gottessohn stand, der ein Sohn der Menschen geworden war? Dann war hier die Nahtstelle zwischen dieser irdischen Welt und dem Reich Gottes.

Noch verstand ich nicht alles. Als er an die Schlange erinnerte, die Mose in der Wüste auf einem Pfahl erhöht hatte, und als Jesus das auf sich bezog, wußte ich nicht, was er damit meinte. Erst später erfuhr ich das. Aber bereits in jener Nacht begann ich zu ahnen, was es auf sich hat mit dem glaubenden Blick zu ihm. Ich merkte, daß hier etwas mit mir geschah, das ich nicht verstand. Ja, auf das ich keinen positiven Einfluß ausüben konnte. Wie bei einer Geburt, bei der das neugeborene Kind auch nur passiv ist und nichts versteht.

Das Eigentliche ging von dem Mann aus, der mir da im Dämmerlicht gegenüber saß, den ich bewunderte! Ich hörte ihm gefesselt zu, weil seine Worte so anders waren, fremd und doch einleuchtend, geheimnisvoll und doch klar, radikal und doch hilfreich, streng und doch liebevoll.

So endete unser Gespräch unbefriedigend, gemessen an dem, was ich erwartet hatte. Und doch war es in einem tieferen Sinn befriedigend. Oder soll ich sagen: befriedend?

Einige Zeit später hatte sich die Spannung zwischen Jesus und den Mitgliedern des Hohen Rates so zugespitzt, daß meine Parteifreunde meinten, unbedingt etwas unternehmen zu müssen. Stundenlang saßen sie zusammen und beratschlagten. Als dann bekannt wurde, einige im Volk hielten Jesus für den Messias, da war ihre Geduld am Ende. Sie beauftragten ihre Leute, Jesus zu beobachten und in einem geeigneten Augenblick, wenn es nicht groß auffiel, gefangenzunehmen.

Ich war hin- und hergerissen. Sollte ich mich öffentlich zu Jesus bekennen? Das war gefährlich! Aber die Gefahr war nicht der eigentliche Grund meines Zögerns. Ich wußte eben selbst noch nicht genau, woran ich war.

Dann aber ergab sich doch eine Gelegenheit einzugreifen. Allzu plump waren ihre Angriffe auf Jesus. Sie stachelten sich gegenseitig auf: »Glaubt auch nur ein Pharisäer an ihn?« Als wenn das ein Argument wäre! Ich ergriff das Wort und machte sie darauf aufmerksam, daß niemand verurteilt werden durfte, den man nicht angehört hatte. Ich bekannte mich noch nicht zu Jesus, indem ich das sagte. Ich bekannte mich nur zum Gesetz und zu einer sauberen Wahrheitsfindung.

Aber ich kam nicht an. Mit fadenscheinigen Argumenten wurde mein Einwand beiseitegeschoben.

Wie es dann mit Jesus weiterging, ist sicher bekannt. Als ihm immer mehr Leute zujubelten, als schließlich sogar bekannt wurde, er hätte in Bethanien einen Toten auferweckt, der schon tagelang im Grab gelegen hatte, da war die Geduld der Pharisäer erschöpft. Sie nahmen ihn gefangen, verurteilten ihn auf die schon bekannte manipulierende Weise und brachten ihn zum römischen Statthalter. Es gelang ihnen, das Volk auf ihre Seite zu ziehen – oder sagen wir richtiger: die einzuschüchtern und fernzuhalten, die für Jesus waren und die anderen vor der Burg Antonia zusammenzutrommeln und zum Haß anzustacheln.

Der Römer konnte nicht anders, als ihn zu kreuzigen.

Da erst begriff ich, was Jesus damals gemeint hatte. Wie die Schlange von Mose in der Wüste erhöht angebracht worden war, so sollte es auch mit ihm geschehen. Das hatte mir Jesus in jenem nächtlichen Gespräch gesagt. Und nun hing er dort oben am Pfahl. Ein grausamer Anblick, aber ein Anblick, der retten sollte. Wer ihn glaubend dort oben am Kreuz ansieht – so hatte Jesus gesagt –, der wird gerettet.

Das heißt doch, daß er von seinem Ende gewußt hatte! Mehr noch, daß er bewußt diesen Weg um unserer Rettung willen ging.

Auch jetzt verstand ich noch nicht alles. Aber ich war zutiefst ergriffen von dem, was hier um unsertwillen, ja um meinetwillen geschah. Da starb der Sohn Gottes für mich. Was für ein Geheimnis in Gottes heiligem Plan, das ich bei aller Theologie bis dahin nicht begriffen hatte! Was für eine Liebe!

Als einer meiner Kollegen, Josef von Arimathia, Pilatus um den Leichnam Jesu bat, um ihn in seinem Grab in einem Garten vor den Toren Jerusalems zu bestatten, da half ich ihm. Ich besorgte die nötigen Salben, um ihm wenigstens nach seinem Tode noch mit einem würdigen Begräbnis die schuldige Ehre zu erweisen.

Sicher, besser wäre es gewesen, ich hätte ihn während seines Lebens als Mensch unter uns geehrt. Besser wäre gewesen, ich hätte ihn früher als den Gottessohn erkannt und mich zu ihm bekannt. Wieviel hätte ich dann noch von dem weisen Lehrer lernen können.

Aber das Wichtigste hatte ich gelernt. Und um spitzfindigen Gelehrten theoretische Antworten für ihre spitzfindigen Probleme zu bringen – dafür war er ja auch nicht gekommen. Er war gekommen, um zu sterben. Wir – auch ich – sollten nicht nur eine neue Lehre oder ein neues Problembewußtsein oder eine neue Schau bekommen, sondern ein neues Leben. Wir sollten neu geboren werden.

Der Pflegefall aus dem Siechenhaus

Die Begegnung kam ganz unverhofft. Ich hatte längst nicht mehr damit gerechnet, daß sich jemand um mich kümmert, geschweige denn, daß ich je meine Heilung für möglich gehalten hätte.

Wissen Sie, wenn man achtunddreißig Jahre lang krank ist, dann verflüchtigen sich alle Illusionen. Achtunddreißig Jahre! Können Sie sich das vorstellen? Für den Durchschnitt der Bevölkerung ist das ein volles Menschenleben. Fast vier Jahrzehnte lag ich krank, voller Schmerzen, kaum einer Bewegung fähig. Und was das Schlimmste war: ohne Hoffnung.

Am Anfang hatte ich noch Lebensmut. Ich war ein junger Mensch, als sie mich nach Bethesda brachten und in einer der fünf Säulenhallen ablegten. Ich erschrak, als ich das viele Elend sah, und dachte, ich gehörte gar nicht hierher. Aber da ich mir Heilung versprach, wollte ich bleiben.

Das Wasser in dem Teich würde sich von Zeit zu Zeit bewegen, sagte man mir. Dann müsse ich schnell hineinspringen. Nur einer hatte dort Platz, wo es sprudelte. Also kam es darauf an, der erste zu sein.

Das sollte kein Problem sein, dachte ich damals. Man muß nur gut aufpassen und schnell reagieren. Was für ein Irrtum! Ich paßte zwar auf, sehr gespannt sogar. Aber als lange nichts geschah, ließ die Aufmerksamkeit nach. Man kann ja nicht immer nur aufs Wasser starren. Und als dann eines Tages die Quelle sprudelte, war schon jemand drin, ehe ich es überhaupt merkte.

Naja, nicht so schlimm, tröstete ich mich. Dann eben das nächste Mal. So sind wir Menschen. Wir machen uns etwas vor, um nicht ganz in Hoffnungslosigkeit zu versinken. Man wartet und hofft und wird enttäuscht, wartet wieder und hofft wieder.

Ziemlich selten geschah es, daß das Wasser, wohl von der Hand eines Engels bewegt, erkennen ließ, daß die Heilkraft wieder da war. Die Abstände schienen mir immer größer zu werden. Aber das schien wohl nur so. Etwas anderes aber war eine Realität: Meine Chancen wurden immer geringer. Ich wurde inzwischen so steif, daß ich mich selbst kaum zum Teich bewegen konnte. Andere waren immer zuerst da.

Die Tatsachen waren so offensichtlich, daß ich mir nun bei allem Optimismus nichts mehr vormachen konnte. Es war aussichtslos. Ich kam nie dran.

Jahre vergingen. Die Hallen rund um den Teich Bethesda – vorher fremd für mich mit ihrem Elend – wurden meine Heimat. Das Stöhnen und die Schmerzensschreie, das Klagen und Fluchen der vielen Kranken wurden zur Begleitmusik meines Lebens. Der blinde Mann rechts und die lahme Frau links in der Ecke wurden so etwas wie meine Familie.

Ab und zu kam ein Neuer in die Hallen. Man hob den Oberkörper, um ihn zu sehen – wo legte er sich hin? Wie alt war er? Was hatte er denn? Man wechselte ein paar Worte, wenn jemand etwas Genaueres wußte. Zu mehr reichte die Neugier nicht, dann versank man wieder in dumpfes Grübeln.

Es passierte auch immer wieder einmal, daß einer starb. Dann mußten wir ihn mit vereinten Kräften vors Tor schleppen, wo er dann abgeholt wurde.

Gelegentlich verließ uns auch mal jemand – geheilt oder wenigstens gebessert. Selten genug allerdings.

Nie kam von denen jemand wieder, um uns zu besuchen. Vielleicht, weil sie ein für allemal genug hatten. Vielleicht auch, weil sie ein schlechtes Gewissen hatten, weil sie sich die Heilung auf unsere Kosten erkämpft hatten.

Sonst passierte nicht viel. Nur daß die Verwandten immer mal kamen und etwas zu essen brachten. Allmählich kannte ich sie alle und wußte, wer zu wem gehörte. Aber niemand hielt sich länger auf als nötig. Sie wechselten ein paar freundliche Worte, um nicht allzu hastig zu wirken. Aber sie hörten gar nicht zu, wenn man mal etwas sagen wollte. Mit Sätzen wie »Die Pflicht ruft« oder »Ich hab einen wichtigen Termin« verabschiedeten sie sich schnell und gingen.

So erfuhren wir wenig von dem, was draußen vorging. Es interessierte uns auch nicht besonders. Das Denken und Reden bekommt in einer solchen Lage einen ganz engen Horizont. Man sieht nicht über die Umfassungsmauer hinaus. Also denkt man auch nicht darüber hinaus. Alles Denken kreist nur um die Heilquelle, die fast immer kraftlos ist, und um das Leid, die Qualen, die Hoffnungslosigkeit, die sich drumherum angesammelt haben.

Natürlich hätte ich auch woanders liegen können, da ich doch nicht mehr damit rechnen konnte, geheilt zu werden. Aber der Gedanke, da herauszugehen, war mir bald fremd. Ich war eben einer dieser bedauernswerten Menschen, also gehörte ich auch hierher. Außerdem erreichte einen hier immer wieder einmal eine Lebensmittelspende, und man hatte nicht das Gefühl, den Gesunden lästig zu sein, wenn man sich hinter diesen Mauern versteckte.

Vor Jahren, als ich die Hoffnung endgültig aufgegeben hatte, allein ins Wasser zu kommen, bäumte sich alles in mir auf gegen das endgültige »Aus«. Ich machte Pläne, wie ich mich unmittelbar am Beckenrand aufhalten könnte, um mich nur hineinfallen zu lassen, wenn es soweit wäre. Aber der Rand war schon überall besetzt, und die dort lagen, waren zumeist beweglicher als ich.

Gelegentlich kam Aufregung in die ganze Gesellschaft. Dann war jemand ins Wasser gestiegen, ohne daß es sich bewegt hatte, damit er schon dort war, wenn das seltene Ereignis eintreten sollte. Dann protestierten alle rundherum laut, weil jeder sich um seine Chance betrogen sah – bis der Betreffende dann nach einiger Zeit blau gefroren und kranker als zuvor wieder herauskam. Dann grinsten alle nur hämisch.

Damals habe ich auch Pläne gemacht, wie man das organisieren könnte. Sollte man nicht die Reihenfolge festlegen? Die am längsten warteten, sollten zuerst drankommen. Das wäre doch gerecht. Aber ich stieß auf taube Ohren.

Als mich einer der Beweglicheren fragte, warum ich meinen Vorschlag nicht zu Anfang gemacht hatte, sondern erst jetzt, wo ich selbst einer der Dauergäste war, da wußte ich nichts zu antworten. Und außerdem, sagte er, fände er es viel gerechter, wenn der Maßstab nicht die Länge des Wartens wäre, sondern die Schmerzen, die man auszuhalten hätte. Naja, so blieb dann mein Versuch stecken, die geringe Heilungschance gerecht zu verteilen. Es scheiterte am allgemeinen Egoismus, an meinem genauso wie an dem der anderen.

Aber, wie gesagt, das alles war nun schon lange her. Seit Jahren hatte ich einfach resigniert. Hoffnungslosigkeit lähmt Denken und Handeln und erstickt im Keim jede Initiative zur Besserung der eigenen Lage.

So war es an jenem denkwürdigen Tag.

Er begann wie tausend andere vor ihm. Eigentlich begannen die Tage gar nicht. Es wurde eben hell, das war alles. Sonst war tagsüber dasselbe Elend wie nachts, dasselbe trostlose Nichts. Die Stunden tropften wie Blei. Wir hatten aufgehört, sie zu zählen oder Wochentage zu beachten oder den Kreis des Jahres zu verfolgen. Nur wenn draußen der Trubel, der über die Mauer herüberklang, lauter und fröhlicher und schmerzlicher wurde, wußten wir, daß auf dem nahen Tempelplatz ein Fest im Gange war. Dann war die Stadt voller Menschen, die aus dem umliegenden Land zum Feiern kamen. Bei uns war es dann immer um so einsamer; denn wer geht schon während eines Festes in die Siechenhäuser.

Als dann doch einer kam, wunderte mich das so, daß meine Neugier geweckt wurde. Ein einzelner Mann war es, so um die dreißig. Keiner von den kirchlichen oder politischen Oberen, aber doch gut gekleidet. Man sieht sowas hier selten.

Er ging durch die Reihen und wechselte hier und da ein paar Worte. Meine Augen verfolgten ihn dabei, und meine Verwunderung stieg. Wie lange war es her, daß jemand sich hier so lange aufgehalten hatte! Auch die anderen hatten sich aufgerichtet und starrten ihn an.

Beobachtete ich richtig? Hatte da jemand zu mir gezeigt? Der Fremde sah herüber, sprach dann mit dem

Kranken und blickte wieder zu mir. Jetzt kam er sogar auf mich zu. Kein Zweifel, von mir war die Rede gewesen. Aber warum? Vielleicht hatte er gefragt, wer am längsten hier lag. Das war ja nun ich inzwischen. Meine achtunddreißig Jahre waren der Rekord. Keiner war da, der schon hier gelegen hatte, als ich kam.

Jetzt stand der Fremde vor mir. Er sah mich an – ganz anders, als ich es gewohnt war. Sonst unterscheide ich immer nur zwischen zwei Gruppen: Die einen ekeln sich und schauen nur ganz flüchtig, die anderen haben Mitleid oder so etwas wie ein schlechtes Gewissen. Auch sie schauen nicht lange, das halten sie nicht aus. Dieser Mann aber paßte nicht in mein Schema. Er sah mich lange an mit einem Blick, in dem zwar auch Mitleid lag, aber nicht nur. Güte lag darin, ja Liebe. Auf jeden Fall nicht das reservierte oder achselzuckende Mitleid. Ich meinte in seinem Gesicht Zuwendung zu lesen. »Willst du gesund werden?«

Solch eine Frage erschien mir absurd, völlig abwegig oder zumindest überflüssig. Willst du gesund werden? Warum war ich hier? Doch aus keinem anderen Grund. Es war doch so selbstverständlich wie nur irgendwas, daß das mein größter Wunsch war. Wollte er sich mit mir einen makabren Scherz erlauben? Aber nein, das hätte nicht zu diesen Augen gepaßt und zu dieser Stimme.

Es war doch klar, daß niemand in meiner Lage auf eine solche Frage mit »nein« antworten konnte. Oder – vielleicht doch? War es wirklich mein größter Wunsch, gesund zu werden? War es überhaupt noch ein Wunsch? Hatte ich nicht längst resigniert, mich an das Elend gewöhnt? War ich nicht vor Hoffnungslosigkeit so stumpf geworden, daß das eigene Leid seinen Schreck verloren hatte? Es war eben alltäglich.

Nein, ich konnte nicht mit »ja« antworten. Zumal ich jetzt so lange überlegt und gezögert hatte, daß ein Ja nicht mehr überzeugend klingen würde. Ich wußte ja selbst nicht, was ich wollte.

Doch warum sollte ich ihm etwas vormachen? Könnte ich nicht einfach meine Lage schildern? Die sprach für sich.

»Herr, ich habe keinen Menschen! Wenn das Wasser sich bewegt, bringt niemand mich hinein. Und bis ich selbst hingekrochen bin, ist längst ein anderer drin.«

Nur einen Satz sagte er daraufhin, einen kurzen Satz. Aber der konnte wie ein böser Scherz verstanden werden und zugleich wie ein Befehlswort des Kaisers; ach was, wie Wort Gottes! Stellen Sie sich vor, es befiehlt Ihnen jemand, die Arme auszubreiten und zu fliegen. So etwa fühlte ich mich. Er sagte: »Stehe auf, nimm deine Matte und geh hinaus!«

Nein, so etwas kann niemand im Scherz sagen. Und er schon gar nicht. Es ist ein göttlicher Befehl, der mich erreicht. Unbegreiflich – aber machtvoll! Und plötzlich reagieren meine lahmen Glieder auf meinen Willen, dem Befehl zu gehorchen. Kraft durchströmt meine erschlafften Muskeln, Kraft fließt in meinen abgestumpften Willen. Mir scheint, als betrachtete ich im Traum mein eigenes Spiegelbild, als ich mich auf einmal erheben kann und ohne zu wanken aufrichte. Seit achtunddreißig Jahren kann ich zum ersten Mal wieder auf meinen Füßen stehen. Mir schwindelt nicht deshalb, weil ich so schnell nicht den Gleichgewichtssinn wiederfinden könnte, sondern weil das, was ich hier erlebe, so ungeheuerlich ist, daß ich es nicht fassen kann. Erst das erstaunte Murmeln, dann das begeisterte Geschrei der andern bringt mir zum Bewußtsein, daß das alles Wirklichkeit ist. Ich stehe! Ich gehe! Ich bin gesund! Es ist nicht zu begreifen, aber ich bin gesund!

Ein Jubelschrei löst sich. Ein Schrei der Freude, ein Jauchzen. Ich betaste mich, ich springe – kein Zweifel: Alles ist so, wie es bei einem gesunden Menschen ist. Ich bin ganz unnormal gesund. Ach nein, das ist ja das Normale.

Ein Wunder ist geschehen! Ein Wunder, das dieser Fremde... Wo ist er denn? Wo ist der Mann, der eben zu mir gesprochen hat? Eben stand er doch noch hier. Weg ist er. Ganz schnell hat er sich zurückgezogen, weil ihn alle bestürmten.

Die Umstehenden und Umliegenden sind genauso verblüfft wie ich. Begeistert reden sie auf mich ein, aber ich höre ihre Worte kaum. Schwingt nicht auch bei diesem oder jenem so etwas wie Neid in der Stimme mit? Egal, ich war schließlich am längsten hier. Ich habe es am ehesten verdient.

Verdient? Nein, verdient habe ich dieses Wunder nicht. Es ist ein Geschenk. Es ist Barmherzigkeit. Ich muß dem Mann danken. Aber wo finde ich ihn? Nun, er hat es sicher in der Kraft Gottes getan, und darum muß ich zunächst in den Tempel, um Gott ein Opfer zu bringen.

Mit meiner Matte unter dem Arm verlasse ich den Ort des Elends. Was für ein Gefühl, nach achtunddreißig Jahren wieder auf eigenen Beinen durch die Stadt zu gehen. Ich gehe schnell, um zu probieren, wie es klappt. Herrlich!

Ich genieße es richtig, daß ich einer dieser Menschen bin, die in Feststimmung durch die Gassen laufen. Auch ich bin in Feststimmung. Und ich genieße es, daß mich keiner mitleidig oder herablassend ansieht. Sie beachten mich gar nicht.

Oder doch? Zeigen die da drüben nicht auf mich? Tuscheln sie nicht miteinander, während sie zu mir herüberblicken? Tatsächlich, da stellen sich mir einige Männer in den Weg.

»Es ist heute Sabbat«, herrschen sie mich an, »da ist es verboten, seine Schlafmatte zu tragen.«

Als erstes fühle ich Erleichterung. Sie sehen mir nichts mehr von meiner Krankheit an. Dann fühle ich Ärger in mir aufsteigen. Ich weiß ja nicht, daß Sabbat ist. Dann werde ich unsicher.

Mir ist bekannt, daß man am Sabbat nichts tragen darf. Wer sich gegen das Sabbatgebot vergeht, läuft Gefahr, gesteinigt zu werden. Die frommen Leute nehmen es mit dieser Sünde besonders ernst, weil sie glauben, der Messias könne erst kommen, wenn im ganzen Volk einmal der Sabbat gehalten wird. Klar, daß sie sich über jeden ärgern, der das Gebot verletzt.

Steinigen dürfen sie aber erst, wenn sie einmal verwarnt haben. Das eben war eine Verwarnung. Soll ich nun meine Matte fallen lassen?

Nein, Sabbatgebot hin, Pharisäer her – schließlich ist eben ein Wunder geschehen. Und der, der das Wunder tat, hat mir geboten, meine Matte mitzunehmen. Ausdrücklich. Das gilt jetzt mehr.

Ich sage ihnen das auch. Wer denn dieser Wundertäter sei, wollen sie wissen.

Ja, da bringen sie mich in Verlegenheit. Wer ist er

denn? Ich verspreche, es ihnen zu sagen, wenn ich es herausgekriegt habe. Das stellt sie offenbar zufrieden. Nach einem bedeutsamen Blick, den sie untereinander wechseln und den ich mir nicht erklären kann, lassen sie mich ziehen, sogar mit meiner Matte.

Ist das ein Hallo bei den Verwandten, als ich plötzlich auftauche! Ein bißchen zu laut fast, finde ich, und ein bißchen verlegen. Sehr gerne kommen sie meiner Bitte nach, mir das Geld für ein Opfertier zu leihen. Wenn ich wieder arbeite, kann ich es ihnen hoffentlich zurückgeben.

Ich geh' in den Tempel. Ich muß jetzt Gott danken, vor allem anderen.

Ein ziemliches Gedränge ist da oben. Aber das stört mich gar nicht. Im Gegenteil, ich freue mich, wieder unter Menschen zu sein.

Auf einmal steht er vor mir. Ich erkenne ihn sofort. Ich werde sein Gesicht nie wieder vergessen.

Für einige Augenblicke stehen wir voreinander und sehen uns an. Dann spricht er. Ich bekomme kaum richtig mit, was er alles sagt. Zu verwirrt bin ich, um alles aufzunehmen. Aber eins spüre ich sehr genau: daß meine Bewunderung für diesen Mann noch mehr steigt. Ist er mir vorher als ein Wundertäter erschienen, der über erstaunliche – sicher göttliche – Kräfte verfügt, so erscheint er mir nun – wie soll ich sagen – wie ein direkter Bote Gottes.

Es geht ihm gar nicht so sehr um meine Gesundheit, viel mehr um mein Heil, um meine Rettung für die Ewigkeit. Fragen stehen plötzlich vor mir, die mich all die Jahre überhaupt nicht interessiert haben. Die Frage nach Gott, nach seiner Absicht mit mir, nach der Ewigkeit, die Frage nach meiner Schuld, nach dem Wert meines Lebens. Ich habe mich jahrzehntelang so in mein Selbstmitleid verloren, daß ich mich mit diesen Fragen gar nicht beschäftigt habe. Aber nun drängen sie sich mir auf, unabweisbar. Und ich weiß, daß er, der da vor mir steht, die Antwort ist.

»Nun bist du gesund geworden«, sagt er, »sündige jetzt nicht mehr, sonst geschieht dir noch Schlimmeres!« Und dann geht er. So schnell wie vorher am Teich ist er in der Menge verschwunden.

An der Bewegung der Leute, die herumstehen, merke ich, daß er ihnen bekannt sein muß. Sie drängen sich um ihn oder sehen ihm wenigstens neugierig nach.

Ich packe einen am Arm und frage, wer das gewesen sei. Er sieht mich erstaunt an. Anscheinend weiß das hier jeder. Dann nennt er mir seinen Namen: »Jesus aus Nazareth.«

Ein gebräuchlicher Name, und doch so inhaltsschwer für mich: Jesus – Gott hilft. Ja, durch ihn hat Gott mir geholfen. Und durch ihn wird er mir weiter helfen, auch helfen, ein Leben zu führen, wie es ihm gefällt. Er hat buchstäblich einen neuen Menschen aus mir gemacht. Und das nur durch ein paar Worte. Was für ein Mensch!

Während um mich her die Leute drängen und schwatzen, versinkt das alles für mich. In meinen Gedanken sehe ich sein freundliches und doch ernstes Gesicht vor mir und lausche seinem Namen nach: »Jesus«.

Der Vater mit seinem Sorgenkind

Ich bin nur ein einfacher Mann, wissen Sie. Ich kann Ihnen über Jesus aus Nazareth keine theologischen Kommentare liefern. Ich weiß auch nicht, wie das alles zu erklären ist, was ich erlebt habe.

Aber erzählen kann ich's Ihnen. Einfach erzählen. Sie müssen daraus selbst Ihre Schlüsse ziehen. Ich habe für mich nur den Schluß gezogen, daß Gott mit ihm war. Und ich habe Gott von ganzem Herzen gedankt und tue das immer noch.

Als unser Sohn geboren wurde, freuten wir uns riesig. Wir ahnten ja noch nicht, was er uns für Sorgen machen sollte. Bis dann zum ersten Mal – er war noch ganz klein – das Furchtbare geschah. Ein böser Geist mußte von ihm Besitz ergriffen haben. Er zitterte, blickte starr, Schaum trat vor den Mund, er fiel um. Erst nach heftigen Kämpfen verließ ihn das wieder, was über ihn gekommen war. Wir waren entsetzt. Keiner konnte uns erklären, was hier vorgefallen war. Wir beteten, wir fragten um Rat. Aber wir konnten nicht verhindern, das sich das nach einiger Zeit wiederholte.

Und es wurde schlimmer! Je größer das Kind wurde, desto schlimmer wurden die Folgen dieser Erscheinung. Saß er am Feuer, konnte der böse Geist so plötzlich über ihn kommen, daß er in die Flammen fiel, und wir mußten ihn schnell herausziehen. Spielte er am Wasser, so stürzte er plötzlich hinein und konnte nur mit Mühe gerettet werden. Oftmals passierte so etwas. Es war, als hätte der Teufel es geradezu darauf abgesehen, ihn umzubringen.

Können Sie sich vorstellen, wie das eine Familie belastet? Nie zu wissen: Kommt er noch vom Spielen nach Hause? Wir konnten ihn ja auch nicht immer in einen Raum einsperren. Können Sie sich denken, wie das an den Nerven zehrt, immer darauf zu warten: Überfällt es ihn jetzt wieder, oder dauert es noch eine Weile? Und dann das leidende Kind zu sehen mit seinem gequälten Gesichtchen. Und bei all dem nicht zu wissen, was hier eigentlich passiert. Zu ahnen, daß hier finstere Mächte triumphierten – in unserem Haus, in unserer Familie – und nichts dagegen tun zu können. Noch nicht einmal zu wissen, warum es ausgerechnet uns traf.

Ich war schließlich soweit, daß ich wirklich alles Menschenmögliche getan hätte, daß ich alles, was ich besaß, hingegeben hätte, wenn ich damit meinem einzigen Sohn hätte helfen können. Aber es gab kein Mittel gegen die entsetzlichen Schläge. Der finstere Geist hatte sich eingenistet und ließ sich nicht mehr vertreiben. Im Gegenteil, es wurde von Mal zu Mal schlimmer. Was sollte ich nur tun? Wenn kein Arzt und kein Priester helfen konnte – was sollte ich tun?

Da erzählte mir jemand, es gäbe einen Wunderheiler. Jesus hieße er und käme aus Nazareth. Aber er hielte sich mehr in Kapernaum und in der Gegend um den See Genezareth auf. Er zöge viel durchs Land und machte Kranke gesund. Auch böse Geister hätte er schon ausgetrieben.

Da mußte ich hin! Meine Hoffnung war – offen gestanden – nicht sehr groß. Aber ich durfte doch nichts unversucht lassen! Wenn niemand sonst helfen konnte – blieb mir da überhaupt eine andere Wahl?

Ich nahm den Jungen und wanderte los. Überall

fragte ich nach dem Wanderprediger. Und als ich schließlich irgendwo auf seine Spur stieß, folgte ich ihr, fragte mich durch, bis ich in die Jesreel-Ebene hinunterkam.

Hier stieß ich auf die Gruppe von Leuten, die ihn ständig begleitete. Aber er selbst war nicht da. Er war mit dreien seiner Anhänger auf den Berg Tabor hinaufgestiegen. Was er dort oben wollte, wußte keiner. Wahrscheinlich nur allein sein. Das konnte ich natürlich verstehen, wenn ihn dauernd Leute wie ich belästigten mit ihren Krankheiten und anderen Übeln.

Was ich denn von ihrem Meister wollte, fragten die jungen Männer. Ich klagte ihnen mein Leid. Sie hätten auch schon Kranke gesund gemacht und Geister ausgetrieben, erzählten sie.

Sie auch? Inständig bat ich sie, mir zu helfen. Wenn sie das auch könnten, brauchte ich nicht auf Jesus zu warten. Wer konnte wissen, wann er wiederkommen würde. Und vielleicht passierte dem Kind bis dahin noch was!

Was dann kam, war fast noch schmerzlicher als das, was ich bisher erlebt hatte. Die Männer versuchten, den bösen Geist anzureden, aber der reagierte nicht. Menschen sammelten sich, die das alles miterleben wollten. Die Jesus-Schüler waren sich uneinig über das Verfahren, das hier anzuwenden sei. Während sie berieten, kamen immer mehr Neugierige. Das lockte schließlich einige Schriftgelehrte herbei. Als die mitbekamen, was die neun vorhatten, protestierten sie und machten ihrerseits Ratschläge. Die Jesus-Schüler wieder ließen sich nicht dreinreden. Sie hätten schließlich die Erfahrung. Und wenn die Schriftgelehrten es besser könnten, sollten sie doch den Geist austreiben. Alle redeten durcheinander. Jeder gab seinen Senf dazu – nur helfen konnte keiner.

Wie auf dem Jahrmarkt kam ich mir vor. Da stand ich nun mit meinem geplagten Kind, das nur verständnislos um sich blickte, und sah und hörte den Trubel – und fühlte mich inmitten der vielen großsprecherischen, zankenden, lieblosen Menschen einsamer als je zuvor.

Auf einmal rief jemand: »Der Meister kommt!«

Im Nu war die Situation anders. Die Schüler des Rabbi schwiegen still und schämten sich offensichtlich. Die Neugierigen wurden noch neugieriger und gingen ihm entgegen. Die Schriftgelehrten waren anscheinend neidisch, daß alle soviel Aufhebens von dem Wanderprediger machten und diskutierten noch heftiger. Nur ich stand mit meinem Kind hilflos da.

Dann sah ich ihn. Er kam ruhig durch die schwatzende Menge geschritten, auf uns zu.

Wie ich ihn sah, keimte die Hoffnung in mir auf, meinem Kind könnte doch noch geholfen werden. Die Enttäuschung vorhin war groß gewesen, weil die anderen keine Vollmacht hatten. Aber dieser Jesus – war er nicht ganz anders als alle? Ob nicht er vielleicht doch den bösen Geist austreiben konnte?

Jetzt war er bei uns.

Die Schriftgelehrten redeten ungestört weiter, als wäre nichts Besonderes passiert.

»Worüber redet ihr denn?« fragte Jesus einen von ihnen.

Da platzte es aus mir heraus. Ich war zwar nicht gefragt. Aber ehe die Theologen sich mit ihren Spitzfindigkeiten verbreiteten, wollte ich zur Sache kommen.

Es ging hier ja schließlich nicht um theoretische Erörterungen, sondern um das Leben meines Sohnes. Mochten die weiter ihre theologische Haarspalterei betreiben. Mir brannte eine ganz andere Sache unter den Nägeln: Ob uns geholfen werden konnte!

Ich erzählte Jesus alles. Von den furchtbaren Anfällen, wenn der böse Geist ihn riß. Von dem abschrekkenden Gesicht, wenn er schäumte und mit den Zähnen knirschte. Von den Gefahren, in die er dadurch kam. All das Elend und die Angst, die ich ausgestanden hatte, erzählte ich ihm. Und die Enttäuschung, daß ich mir von seinen Schülern Hilfe versprach und sie nicht helfen konnten.

Es tat gut, die ganze Not einmal so auszusprechen. Aber Hoffnung, daß dieser Jesus helfen könnte, hatte ich kaum. Nun ja, vielleicht konnte er mich wenigstens ein bißchen trösten und mir Mut zusprechen. So etwas tut ja auch schon gut.

Aber nein, er tröstete nicht, er schimpfte! Hörte ich richtig? »Ihr ungläubigen Leute! Wie lange soll ich noch bei euch sein? Wie lange muß ich euch noch ertragen?« So sprach er seine Jünger an, und die duckten sich unter seinen zornigen Worten.

Das war mir nun ein bißchen peinlich. Ich wollte die Männer ja nicht vor ihrem Meister anschwärzen. Warum schimpfte er sie? Man hatte ihn mir als einen Mann voller Güte geschildert, und nun redete er so hart mit seinen Freunden? Was hatten sie denn Schlimmes getan? Nicht genug geglaubt – was hieß das? Und konnte man denn den Mangel an Glauben jemandem zum Vorwurf machen?

Ich hatte keine Zeit, weiter darüber nachzudenken.

Denn jetzt sagte Jesus, man sollte ihm meinen Sohn bringen. Wollte er ihm etwa tatsächlich helfen?

Ehe ich etwas unternehmen konnte, schoben schon die umstehenden Leute den Jungen vor.

Da passierte es wieder. In dem Augenblick, als das Kind Jesus erblickte, kam der böse Geist. Der Junge wurde stumm und starr, blickte mit weit aufgerissenen Augen auf den Mann ihm gegenüber. Dann fiel er hart auf den Boden, wälzte sich, Schaum trat ihm vor den Mund. Wie tat es mir weh, ihn wieder so leiden zu sehen und nicht helfen zu können!

All die anderen sahen es nun auch. Jesus konnte sich ebenfalls ein Bild machen. Das war das einzig Gute daran. Aber wie kann man von etwas Gutem sprechen, wenn ein armes Kind so von Anfällen geschüttelt wird, finsteren Mächten hilflos ausgeliefert?

Jesus fragte mich, seit wann dem Jungen das geschehe. Ich sagte ihm mit tränenerstickter Stimme alles, was er wissen wollte, erklärte ihm, wie es geschehe, was es für Folgen hätte und wie wir darunter litten. Meinen ganzen Jammer preßte ich mühsam heraus, weil mir der Schmerz die Stimme abschnürte. Und während die gaffende Menge rundum auf das stumme, aber wild strampelnde Wesen starrte, warf ich mich neben meinem geplagten Kind auf die Knie und schluchzte: »Wenn du helfen kannst, dann erbarm dich doch! Hilf uns bitte!«

»Wenn du nur glauben könntest!« gab er zur Antwort. »Alle Dinge sind möglich für den, der glaubt!«

Wie? Alle Dinge? Auch Hilfe für so eine aussichtslose Lage? Was heißt das: »Für den, der glaubt«? Glaube ich denn?

Eben war doch auch vom Glauben die Rede, als er seine Schüler schimpfte. Sie glaubten nicht genug, darum konnten sie nichts ausrichten. Wenn die schon nicht genug glaubten, wie sollte ich dann...? Und wie macht man das – glauben?

Ach Herr, ich weiß nicht, was und wie ich glauben soll. Ich weiß nur, daß ich am Ende bin! Ich kann nicht das Vertrauen aufbringen, weil ich soviel Schreckliches erlebt habe. Ich kann nur klagen und meinen Bankrott erklären! Ich habe keine eigene Kraft mehr, keinen Mut, keine Hoffnung – ich habe nur noch dich! Wenn du nicht hilfst, kann es niemand! Setze bei mir nichts voraus. Ich bin am Ende! Noch nicht einmal dir wirklich vertrauen kann ich! Es kann nur noch bei dir allein liegen, ob das Wunder geschieht. »Ich glaube, lieber Herr, hilf meinem Unglauben!«

Ich schrie das hinaus. Meine ganze tiefe Verzweiflung lag in diesem Schrei. Die Tränen liefen mir übers Gesicht. Es war, als wenn ich den Schrei ausstoßen müßte, den mein geliebtes Kind nicht über die Lippen brachte. Als wenn ich die Tränen vergießen müßte, die aus seinen starren Augen nicht kommen konnten.

Das alles lockte immer mehr Leute an. Ich bemerkte es in diesen Augenblicken gar nicht. Jesus aber schien es zu merken und die Aufmerksamkeit nicht noch mehr auf das ziehen zu wollen, was er vorhatte. Er trat einen Schritt näher heran.

Mit fester Stimme rief er: »Du taub und stumm machender Geist, ich befehle dir: Fahre aus von diesem Menschen und komm nie wieder zurück!«

Es ist unfaßlich, was dann geschah.

Ja, es geschah etwas. Bisher war bei allen Versuchen

nie eine Veränderung eingetreten. Es war, als hätte die Hölle nur gelacht über unser verzweifeltes Bemühen. Hier aber verging ihr das Lachen. Der Mann aus Nazareth mit dem Namen Jesus brauchte nur ein Wort zu sagen, und die unüberwindliche Kraft Gottes begann zu wirken.

Zunächst schien sich alles noch zu verschlimmern. Der Junge schrie laut. Das hatte er noch nie gemacht. Der Schrei ging mir durch und durch. Wilde Zuckungen durchfuhren seinen Körper, der sich schweißgebadet im Straßenstaub wälzte. Konnte das Entsetzen noch gesteigert werden? Ich wollte meine tränenverschleierten Augen abwenden und mußte doch zusehen, wie das arme Kind von jener unsichtbaren Macht blindwütig geschlagen wurde.

Dann bäumte sich der entkräftete Körper noch einmal auf mit einem nervenzerreißenden Schrei – und sackte zusammen.

Es war still. Die Leute starrten schweigend und erschüttert auf das Kind. Einige tuschelten leise: »Tot!«

Tot? Das geflüsterte Wort – nach dem gellenden Schrei kaum zu hören – klang in mir fort, wurde lauter, hallte wie ein Echo nach, steigerte sich weiter, dröhnte schließlich durch meine Gedanken: »Tot!«

Ich nahm es mit meinen verwirrten Sinnen kaum war, als der Meister jetzt noch näher herantrat. Was hatte er getan, der doch helfen sollte! Jesus beugte sich zu dem wie leblos daliegenden Jungen hinunter. Er ergriff seine Hand. Mein Sohn wandte den Kopf und schlug die Augen auf. Jetzt richtete Jesus ihn auf. Fassungslos sah ich es. Dann stand das Kind.

Mein Sohn! Mein Kind! Tief bewegt schloß ich es in

die Arme. Ich sah es, ich wußte: Jetzt war alles gut! Jesus hat alles gutgemacht! Jesus! Ich danke dir! Ich lobe dich! Du bist von Gott gesandt, du hast Macht über alles!

Wo war er? Jesus ging mit seinen Jüngern gerade fort. Verfolgt von den neidischen Blicken der Schriftgelehrten und von den staunenden Blicken der Menge.

Ich konnte ihn nicht so einfach weggehen lassen, ohne ihm zu danken. Ihm, der sich erbarmt und meine Bitte erhört hatte.

Meine Bitte? Meine zwei Bitten hatte er erhört. Einmal die, meinem Sohn zu helfen. Dann aber auch die, mir zum Glauben zu helfen.

Der Leprakranke und seine neun Leidensgenossen

Wenn ich von Jesus erzählen soll, muß ich bei meiner Krankheit anfangen. Es war eine schreckliche Zeit, und ich denke nicht gern daran zurück. Aber erst wenn ich mir das Elend jener Jahre wieder vor Augen führe, kommt mir richtig zum Bewußtsein, was Jesus getan hat.

Es ist ja wie ein vorweggenommenes Sterben, wenn man eines Tages weiß: Ich habe Aussatz. Diese unheilbare Krankheit ist nun in meinem Körper und wird mich langsam bei lebendigem Leib verfaulen lassen. Das Ende steht schon fest. Die Krankheit gönnt mir zwar noch ein paar Jahre. Aber was für Jahre! Verachtet werde ich sein, ausgestoßen von der menschlichen Gesellschaft, getrennt von meinen Lieben. Am Rande des Hungertodes werde ich stehen, aufs Betteln und auf die Barmherzigkeit der Gesunden angewiesen, dazu hilflos und von Schmerzen geplagt.

Können Sie sich vorstellen, wie einem zumute ist, wenn man dieses Schicksal vor sich sieht? Es hängt wie eine drohende Gewitterwolke über einem, wenn man die ersten Flecke an seinem Körper entdeckt. Zuerst will man das gar nicht wahrhaben. Es wird etwas ganz anderes sein, sagt man sich. In ein paar Tagen ist alles wieder vorbei. Aber nachdem man einige Tage gewartet hat, ängstlich, bei jeder Gelegenheit nachschauend, kann man es nicht mehr verdrängen.

Man weiß genau, was die anderen sagen werden. Darum versucht man es zu verheimlichen – mit schlechtem Gewissen zwar, wegen der Ansteckungsgefahr. Und mit zusätzlicher Angst auch, weil eine harte Strafe darauf steht, wenn man nicht gleich die ersten Anzeichen meldet. Aber wer will es verübeln, wenn man noch ein paar Tage herausschlagen will, ehe das große Elend über einen hereinbricht? Wer wollte einem nicht noch einen kleinen Rest des Lebens gönnen, des normalen Lebens? Und dabei weiß man doch, daß das Sterben schon angefangen hat.

Schließlich kann man es nicht mehr verheimlichen. Die nötigen Schritte müssen getan werden. Bei jedem dieser Schritte gibt es einen Stich durchs Herz: Wenn man es zum erstenmal den Verwandten sagt, wenn der Priester das entscheidende Wort spricht, wenn man merkt, daß niemand mehr einen anrühren will, noch nicht einmal zum endgültigen Abschied.

Die meisten Aussätzigen überstehen die nächsten Monate und Jahre nur, weil sie sich zusammenschließen. So kann man sich gegenseitig helfen und sich auch mal aufmuntern, wenn man verzweifelt ist.

Wir waren etwa zehn. Mal starb jemand, mal kam ein Neuer dazu. Aber so um die zehn waren wir immer. Ich war froh, diese Gruppe gefunden zu haben.

Natürlich waren das ganz unterschiedliche Leute. Unter normalen Umständen wären wir wohl kaum Freunde geworden. Aber die Not schmiedet zusammen.

Schon wegen unserer verschiedenen Herkunft wären wir nicht zusammengekommen. Galiläer waren die meisten, nur ich war Samariter. Die Juden betrachten uns Leute aus Samaria meist von oben herab. Ein Mischvolk wie wir ist in ihren Augen nicht so viel wert wie sie, die reinblütigen Nachkommen Abrahams. Auch unsere Religion war ihnen nicht reinrassig genug. Naja, mir machte es nichts aus. Und die jüdischen Leidensgenossen setzten sich auch über die Vorurteile hinweg. Es macht sich auch schlecht, wenn ein Aussätziger auf den anderen herabsieht, wo wir doch alle als Sünder galten, die Gott mit der Krankheit strafte.

Wir hielten uns meistens in der Nähe der Straße auf, die nach Jerusalem führt. Das war im Grenzgebiet zwischen Galiläa und Samaria, meistens auf galiläischer Seite. Da kamen immer mal Fremde vorbei. Die waren natürlich eher bereit, etwas zu geben, als die Bewohner der Dörfer, die wir schon reichlich geschröpft hatten.

Mit den milden Gaben bekamen wir dann hin und wieder auch einige Neuigkeiten mitgeteilt. Entlang eines vielbenutzten Verkehrsweges verbreiten sich Nachrichten und Gerüchte ja am schnellsten.

Auf diese Weise hörten wir zum erstenmal von Jesus. Wer uns davon erzählte, weiß ich nicht mehr. Jedenfalls war auf einmal die Rede davon, es gäbe einen, der Kranke gesund machte.

Nun ja, Sie wissen sicher, wie das ist: Wenn viele Kranke zusammen sind, dreht sich alles immer um die Krankheit. Und wenn Hoffnung auf Heilung besteht, werden die Chancen dazu hin- und hergewendet und abgewogen, Träume gesponnen und Pläne geschmiedet. Aber das alles entbehrt jeder realistischen Grundlage. Man ist in seinem Elend nur zu gern bereit, nach jedem Strohhalm zu greifen. Es ist ja auch zu schön, von schönen Dingen wenigstens zu reden, wenn man sie schon nicht haben kann.

So schaukelt man sich in seinen Hoffnungen gegenseitig hoch. Ich gebe zu, daß ich mich daran gern und rege beteiligte.

Das alles wurde aber plötzlich aus dem Stadium des Träumens gerissen, als man uns erzählte, Jesus sei in der Nähe. Bald käme er hier vorbei. Wenn er nun wirklich heilen konnte? Unsinn fast, darüber nachzudenken! Hatte man je gehört, daß ein Aussätziger schlagartig gesund wurde? Aber wenn doch... Wir sollten ihn suchen und um Hilfe bitten! Schaden konnte das jedenfalls nicht!
Wir machten uns auf und zogen ihm entgegen. Ein trauriges Bild gaben wir ab, wenn wir eine Straße entlang humpelten. Der eine mit nur einem Fuß und Krücken, der andere mußte ganz getragen werden. Der eine sah nicht richtig, weil das ganze Gesicht mit Lappen verbunden war; der andere hatte völlig verkrüppelte Hände. Laut »unrein, unrein« rufend, wie es Vorschrift war, quälte sich diese Anhäufung menschlichen Elends die Straße entlang.

Immer wieder fragten wir nach Jesus von Nazareth.

Und dann sahen wir ihn.

Es war eine Gruppe von Männern wie wir, die dort die Straße heraufkam, nur zwei oder drei Leute mehr.

»Jesus! Verehrter Lehrer, lieber Meister! Jesus! Erbarme dich über uns! Hilf uns!«

Zehn Männer können ziemlich laut schreien, wenn sie von weitem rufen, und vor allem, wenn die Verzweiflung ihnen zusätzliche Kraft verleiht.

Natürlich mußten wir uns in einiger Entfernung halten. Aber in unserem Wunsch, ihm möglichst eindringlich unsere Bitte vorzubringen, rückten wir doch etwas näher heran, als es die Vorschriften erlaubten.

Jesus wich nicht zurück. Ja, der Mann vorn mußte Jesus sein. Wir erkannten ihn an seinem Gewand, das kostbar und in einem Stück gewebt war. Und eben daran, daß er stehenblieb, während die anderen auffällig-unauffällig zur Seite hin auswichen.

Der Meister sah uns an.

Wir merkten, daß er sprechen wollte, und schwiegen. In die plötzliche Stille hinein sagte er: »Geht hin und zeigt euch den Priestern!«

Wie denn – »zeigt euch den Priestern«? Denen muß man sich zeigen, wenn man meint, gesund geworden zu sein. Da kriegt man die Bescheinigung, daß man keinen Aussatz mehr hat und in die menschliche Gesellschaft zurückkehren darf. Aber wir waren doch gar nicht geheilt! Wir hatten doch immer noch unsere verfaulte Haut, unsere verkrüppelten Glieder! Wieso...? Was meinte er damit?

Jesus ging weiter, ohne eine Erklärung abzugeben, ohne unsere Fragen abzuwarten. Seine Schüler eilten ihm nach.

Da standen wir nun mit unserem Elend, mit unserer Sehnsucht, gesund zu werden, und mit diesem merkwürdigen Auftrag: »Zeigt euch den Priestern.« Was sollten wir nun tun? Enttäuscht sahen wir uns an. Wenn dieser Jesus nicht mehr tun konnte als merkwürdige Anordnungen zu geben, die ebenso unverständlich wie lächerlich waren – dann war alle Mühe umsonst gewesen.

Einer begann zu schimpfen, ein anderer zu schluchzen. Die meisten standen nur ratlos da. Schließlich begann jemand: »Vielleicht sollten wir doch hingehen. Ich weiß zwar nicht, warum. Aber wenn er es gesagt hat...!« Einige nickten. Einige murmelten zustimmend. Wir hatten sowieso nichts anderes Sinnvolles zu tun. Vielleicht hatte Jesus sich dabei etwas gedacht. Und schaden konnte es ja eigentlich nicht.

»Denkt an den syrischen General«, meinte einer. »Er sollte mit seinem Aussatz auf Befehl Elisas im Jordan baden. Was ihm gesagt wurde, gilt uns doch auch: Wenn der Mann etwas Großes verlangt hätte, hätten wir es sicher getan. Warum nicht das Kleine?« Das zustimmende Gemurmel wurde lauter. Wer weiß – vielleicht lag ein verborgener Sinn darin. Ja, wir sollten gehen!

Zögernd erst, dann entschlossener schlugen wir den Weg zu den Priestern ein. Gequält, keuchend, vor Schmerzen stöhnend, humpelten wir los, um uns bescheinigen zu lassen, daß wir uns strahlender Gesundheit erfreuten. Absurd so etwas! Verdiente es dieser Mann aus Nazareth, daß man auf sein Wort hin so handelte?

Ich weiß nicht mehr, wer der erste war. Jedenfalls schrie auf einmal jemand: »Mein Aussatz!« Alle blickten zu ihm hin, sahen auf ihre eigenen aussätzigen Körperstellen, konnte es kaum fassen... Und dann brach ein Jubel los, wie ich ihn noch nie erlebt habe. Alle riefen und lachten durcheinander.

Der Aussatz ging zurück! Und zwar schnell! Augenfällig! Während wir gingen, um uns gesundschreiben zu lassen, wurden wir gesund!

Meine Gefühle in diesen Augenblicken kann ich gar nicht beschreiben. Mir war, als träumte ich. Fast schwanden mir die Sinne vor Glück. Meine Freunde stießen mich lachend an und hielten mir ihre Arme und Beine hin, damit ich sie bewundern sollte. Ich aber starrte nur immer auf die Stellen an meinem eigenen

Körper, die eben noch eitrig und häßlich waren und die sich nun vor meinen Augen verwandelten.

Der müde Haufen von Kranken war gar nicht wiederzuerkennen. Nachdem wir zunächst stehengeblieben waren, eilten wir nun weiter, immer schneller, immer freudiger. So schnell waren wir seit Jahren nicht mehr gerannt. Keinen Augenblick länger als unbedingt nötig wollten wir krank sein oder als krank gelten. Wir brannten darauf, uns das Wunder bescheinigen zu lassen.

Und während wir weiterliefen, vollzog sich die Heilung immer deutlicher. Bald waren die letzten Reste der Krankheit verschwunden. Sauber und gesund sah die Haut aus.

Wir sprangen und jubelten. Bald lagen wir uns vor Freude weinend in den Armen. Dann wanderten wir wieder singend weiter, dann schwärmten wir übermütig von dem, was uns nun erwarten würde und schmiedeten Pläne.

Was für ein Leben war nun angebrochen! Welches Elend hatten wir hinter uns, und wie glücklich waren wir nun! Und das alles hatten wir Jesus zu danken! Mit einem Wort hatte er...

Jesus! Wo war er jetzt? Wir müssen ihm doch danken!

»Halt, Freunde! Kehrt um! Erst müssen wir zu Jesus zurück! Wir müssen uns doch bedanken! Wir können doch nicht...«

Die anderen liefen weiter. Zu übermütig waren sie, um auf mich zu hören. Zu erfüllt mit ihren großen Zukunftsplänen. Zu gespannt auf das Urteil der Priester und die Begrüßung der Familie.

»Wartet doch!« rief ich ihnen nach. Ich rannte hinterher, redete auf sie ein, stellte ihnen vor Augen, was geschehen und wodurch es geschehen war, erinnerte sie, wie inständig sie Jesus um Hilfe gebeten hatten. Aber sie ließen mich einfach stehen. Sie wollten nicht auf mich hören. Nun, wo er geholfen hatte, brauchten sie Jesus nicht mehr.

Ich kehrte um. Nein, ich wollte mich nicht durch die Freude irremachen lassen in dem, was ich Gott schuldig war. Ja, Gott, denn er hatte durch Jesus das Wunder an mir getan.

Schnell rannte ich die Straße entlang, auf der Jesus gegangen war. Und wie ich jetzt wieder laufen konnte! Es dauerte doch einige Zeit, aber schließlich hatte ich ihn eingeholt.

Ich war zwar vom schnellen Laufen außer Atem, aber das konnte mich nicht hindern, laut Gott zu loben. Es muß wohl nicht sehr schön geklungen haben. Aber die Freude mußte sich Bahn machen.

Mit dem Lobpreis Gottes auf den Lippen fiel ich vor Jesus nieder. Ich wußte nicht, wie ich ihm danken sollte. Mir fehlten einfach die Worte, um auszudrücken, was ich empfand. So blieb mir nichts übrig, als einfach Dank zu sagen. Gab es überhaupt Worte, die angemessen beschreiben konnten, was er getan hatte und was ich ihm gegenüber empfand? »Danke, Herr, ich danke dir!«

Jesus sprach. Ich wußte nicht, ob er mir antwortete oder ob er sich an die Umstehenden wandte. »Sind nicht zehn geheilt worden? Wo sind dann die übrigen neun? War keiner bereit, umzukehren und mit seinem Dank Gott zu ehren, als nur dieser Ausländer?«

Wie froh war ich bei seinen Worten, daß ich umgekehrt war! Ich wäre vielleicht nie richtig froh geworden, wenn ich nicht zurückgekommen wäre und später von seinem Vorwurf gehört hätte. Schrecklich, den zu enttäuschen, von dem man so viel geschenkt bekam!

Jetzt wandte er sich mir zu: »Stehe auf und geh! Dein Glaube hat dir geholfen!«

Mein Glaube? Er selbst war es, Jesus! Ich habe zwar geglaubt, aber mein Glaube war schwach. Er aber ist stark. Er hat mich gesund gemacht!

Ja, ein Ausländer war ich für die Juden, ein Mann aus Samaria mit einem umstrittenen Gottesbild, mit einer anfechtbaren Vorstellung von seinem Willen und einer sicher schwachen Theologie. Manches mag total falsch sein an meinem Glauben. Aber eins weiß ich, und das lasse ich mir nicht nehmen: Mit diesem Jesus von Nazareth ist der allmächtige Gott zu uns gekommen.

Jesus? Weiß gar nicht, weshalb Sie mich fragen. Da gibt es Leute, die wissen viel mehr.

Ja, es stimmt, ich bin ihm begegnet. Das war ein Erlebnis, sage ich Ihnen! Es hat mich ziemlich aus der Bahn geworfen. Oder soll ich sagen, ich war vorher aus der Bahn, und nachher kam ich wieder auf die richtigen Gleise.

Sie müssen nämlich wissen, ich war damals meinem Mann untreu. Ich will die Hintergründe nicht weiter ausbreiten. Jedenfalls hatte ich einen Freund, der mich immer besuchte, wenn mein Mann nicht da war. Vielleicht rümpfen Sie die Nase, wenn ich das erzähle. Aber ich muß sagen, ich hatte gar kein schlechtes Gewissen dabei. Tun, was Spaß macht, das war meine Devise.

Also, das war so: Ich bin gerade mit meinem Freund zusammen. Auf einmal fallen sie über uns her, schlagen die Tür ein, stürzen herein und zerren mich aus dem Bett. Stellen Sie sich das vor! Einfach so! Ich schreie natürlich, schlage um mich, kratze und beiße. Aber das nützt mir nichts. Während drei oder vier mich festhalten, nimmt einer mein Kleid vom Stuhl und wirft es mir über.

Meinen Freund lassen sie liegen. Der interessiert sie nicht. Typisch!

Dann schleppen sie mich mit. Während wir nun so durch die Straßen hasten, kriege ich einiges mit. Und da merke ich, was gespielt wird. Es geht hier nicht um Moral, sondern um hohe Politik.

Dieser Jesus ist ihnen schon lange ein Dorn im Auge.

Mehr als ich. Ha! Soll ich mir das zur Ehre anrechnen? Jedenfalls – sie wollen ihm eins auswischen. Sie bilden sich nämlich viel auf ihre fromme Lehre ein. Und wenn da einer nicht mitzieht oder sogar gegen sie ist, wie Jesus, dann kann sie das ganz schön auf die Palme bringen.

Eine gerissene Sache haben sie sich ausgedacht: Jesus fragen, ob ich gesteinigt werden soll. Wenn er ein frommer Mann ist, muß er ja sagen, denn das steht wohl irgendwo bei Mose. Und dann können sie ihn bei den Römern anzeigen, denn die Besatzer erlauben nicht, das Todesurteile ausgesprochen und vollstreckt werden. Das ist ihre Sache.

Wenn aber Jesus kein Todesurteil über mich spricht, ist klar, daß er kein frommer Mann sein kann, denn er würde ja gegen das Gebot in den alten Schriften handeln.

Schlau, was? Und boshaft. Mit dieser Spannung zwischen dem religiösen Ideal und den politischen Tatsachen werden sie selbst ja auch nicht fertig. Zum Teil bemühen sie sich auch gar nicht. Und diese Spannung wollen sie nun gegen Jesus ausnutzen. Egal wie er antwortet, so oder so – die Falle muß zuschnappen.

Mir ist das ganze – na, Sie können sich denken, mir schlottern die Knie. Sie fiebern zwar alle der Antwort von Jesus entgegen, aber ich besonders. Ich bin schließlich das Objekt, um das es geht, mit dem geschachert wird. Ist kein angenehmes Gefühl, der Entscheidung entgegenzusehen – entgegengezerrt zu werden –, ob man nun gesteinigt werden soll oder nicht.

Das Geschrei der Männer hat inzwischen die halbe

Stadt angelockt. Es spricht sich schnell herum, daß da was los ist. Ein riesiger Volksauflauf entsteht.

Ich kriege es immer mehr mit der Angst zu tun, beiße und zerre die Männer, die mich halten. Aber sie klammern so fest, daß sich das Blut in den Armen staut. Und sie stoßen mich vorwärts, hastig, als könnte ihr schöner Plan mißlingen, wenn sie eine Sekunde verlieren.

Dann wird es vor uns langsamer. Sie sind auf dem Tempelplatz. Das Geschrei hört auf; es wird nur noch halblaut durcheinandergeredet, schließlich gemurmelt. Entschlossen schieben mich die Kerle vor. Die Leute vor mir weichen auseinander. Eine Gasse entsteht, die sich immer mehr verbreitert.

Da sehe ich ihn. Zum erstenmal sehe ich ihn. Und das in so einer Lage! Aber in jeder anderen Lage hätte ich ihn wohl kaum beachtet. Jetzt hängt mein Leben von ihm ab.

Ruhig steht er da, so, als ginge ihn der ganze Trubel nichts an. Ob er gar nicht weiß, daß auch sein Leben auf dem Spiel steht? Merkwürdig, wie ruhig er ist!

In mir flattert alles. Angst ist da, aber auch Trotz, daß mich diese Heuchler hier bloßstellen. Ich bin ihnen als Mensch völlig egal. Im Moment bin ich für sie nur ein Mittel zum Zweck.

Je ruhiger es wird, desto mehr fühlen alle die knisternde Spannung. Nicht nur mir schlägt das Herz bis zum Hals, aber mir besonders.

Die Männer stoßen sich gegenseitig an, nicken sich zu. Sie brauchen wohl Ermutigung. Als es ganz still geworden ist, rafft sich einer auf und fängt an zu reden. »Meister«, sagt er, dieser Heuchler, »Meister, diese Frau ist beim Ehebruch ertappt worden.«

»Auf frischer Tat«, ergänzt ein anderer.

Und dann fallen sie alle ein: »Wir waren dabei. Es gibt gar keine Zweifel.«

»Mose hat geboten, so jemand zu steinigen.«

»Steht im Gesetz!«

»Unmißverständlich.«

Pause!

Dann drängt einer: »Was sagst du?«

Ja, was sagt er? Nichts sagt er. Er ist die Ruhe selbst. Kein bißchen Zittern beobachte ich an ihm. Dabei stehe ich direkt vor ihm. Er schaut nur ruhig um sich. Dann bückt er sich nieder. Mit dem Finger malt er im Sand herum. So, als will er ihnen zeigen, wie ihre ganze Aufregung ihn kaltläßt. Er bückt sich und kritzelt. Ich weiß nicht, ob er da etwas Bestimmtes schreibt. Ich kann ja nicht lesen. Im Moment interessiert es mich auch herzlich wenig.

Diese Gelassenheit von Jesus aber bringt die Leute auf achtzig. Sie reden auf ihn ein, die einen heuchlerisch fromm, als wollten sie wirklich seinen Rat, die anderen schon in frecherem Ton, mit unverhohlenem Triumpf in der Stimme. Er soll nun endlich antworten, Stellung beziehen. Man will endlich wissen, woran man ist.

Von hinten schreit der Pöbel, der sein Opfer will. Entweder ihn, wenn sie ihn den Römern ausliefern, oder mich, wenn ich gesteinigt werde. Die aufgebrachte Masse will wohl lieber mich. Das geht unkomplizierter, und es kann auch gleich losgehen. Auch ist etwas zu sehen.

Aber die Pharisäer und Genossen wollen lieber ihn. Und da stimme ich ihnen ausnahmsweise zu.

Wie das Geschrei immer lauter wird, richtet Jesus sich auf. Sofort ist ringsum Stille. Man könnte eine Nadel fallen hören.

Alle hängen an seinen Lippen. Ich besonders. Mein Leben hängt davon ab. Jetzt spricht er: »Wer von euch ohne Sünde ist, der soll den ersten Stein auf sie werfen.«

Totenstille. Also doch – schießt es mir durch den Kopf. Also soll ich doch gesteinigt werden? Er hat entschieden, der Mann aus Nazareth. Er hat entschieden für das Gottesgesetz und gegen mich!

Oder doch nicht? Die Pharisäer wissen auch, daß die Römer das nicht dulden. Ob ich da eine Chance habe? Aber nein, die wissen sich zu helfen. Sie machen sich die Finger nicht schmutzig. Das lassen sie andere für sich tun. Ein paar Steine aus der Masse – es gibt ja genug Leute, die gern ihre Wut abreagieren. Wie will man da später herauskriegen, wer es war? Die Römer können schließlich nicht die ganze Stadt einsperren.

Klar, so funktioniert das. Mein Schicksal ist besiegelt.

Es ist mir, als würden mich schon die ersten Steine treffen. Aber nein – das ist nur die Angst.

Es geschieht nichts, rein gar nichts!

Aber warum . . .?

Warum hat mich noch kein Stein aus der Masse getroffen? Warum sind sie alle so still? Warum blicken sie so verlegen unter sich?

»Wer von euch ohne Sünde ist . . .« Das ist es! Sie sind getroffen! Getroffen in ihrem Gewissen. Jesus hat sie getroffen.

Wer ohne Sünde ist . . .! Niemand ist ohne Sünde.

Auch diese Heuchler nicht. Darum wagt keiner, einen Stein aufzuheben.

Jesus hat sich längst wieder niedergebückt. Als ginge es ihn überhaupt nichts an, was sie nun mit seinem Wort machen, schreibt er weiter mit dem Finger auf dem Boden herum. Und das ist gut so. Nun können sie sich zurückziehen, ohne vor ihm das Gesicht zu verlieren.

Das tun sie auch. Erst einige am äußeren Rand. Schließlich stehen nur noch die Pharisäer und ihre Leute da. Dann beginnen auch sie sich heimlich davonzumachen. Einer nach dem anderen. Die einen ganz verstohlen, ohne sich umzusehen, die anderen murrend oder mit irgendeiner fadenscheinigen Erklärung.

Ich traue meinen Augen kaum: Der Vorplatz des Tempels wird immer leerer. Selbst die letzten Elemente, die zu gern mein Blut hätten fließen sehen, machen sich davon. Leerer, als er sonst ist, wird der Platz – wie zur heißesten Mittagsstunde.

Allmählich dämmert es mir: Ich bin gerettet! Ich bin nochmal davongekommen.

Was für ein Mann ist das, der da vor mir steht, der sich gerade wieder aufrichtet? Noch kann ich meine Gedanken nicht ordnen. Ich bin viel zu aufgewühlt. Aber ich fühle, daß er etwas Besonderes ist. Hat man je einen Menschen gesehen, der soviel Ruhe ausstrahlt, wenn alles um ihn her tobt, und der dann noch so geniale Antworten gibt? Er hat ja mit einem einzigen Satz nicht nur sich aus der Affäre gezogen, sondern auch noch den Spieß umgedreht.

Ich weiß nicht, was ich mehr bewundern soll: seine

Ruhe oder seine Klugheit. Oder die Liebe, die jetzt in seinem Blick liegt. Eine ganz andere Art von Liebe, als was man darunter versteht, wenn jemand wie ich das Wort in den Mund nimmt. Eine grenzenlose Bewunderung empfinde ich für diesen Mann aus Nazareth.

»Wo sind sie, deine Verkläger?« fragt er, und sieht sich um. Als er niemanden findet, schaut er mich wieder an mit diesem Blick, in dem soviel Liebe und Klarheit liegt. »Hat dich niemand verurteilt?«

»Niemand, Herr«, stammele ich verwirrt, verängstigt und beglückt zugleich.

»Dann verurteile ich dich auch nicht«, sagt er.

Ja, er könnte mich verurteilen. Das weiß ich in diesem Moment. Er hätte das Recht, den ersten Stein zu werfen. Wenn überhaupt jemand einen anderen verurteilen darf, dann nicht diese Scheinheiligen, die mich hergeschleppt haben, sondern er, der da vor mir steht.

Aber Jesus und Steine werfen? Nein, das paßt nicht zusammen. Der besondere Mensch, der mir in diesen Augenblicken gegenübersteht, würde sich eher selbst hinrichten lassen, als andere zu Tode zu martern.

Und sehen Sie, als er dann sagt: »Gehe jetzt, und sündige nun nicht mehr«, da weiß ich, daß ich das befolgen werde. Der heilige Ernst, der in dieser Mahnung liegt, geht mir durch und durch. Andere Leute hätten den gleichen Satz tausendmal sagen können, auch fromme Leute – ich hätte nur gelacht. Aber diese Art Lachen ist mir in diesen Minuten vergangen. Weniger wegen der Lebensgefahr, nein, wegen Jesus.

Der Blinde aus der Palmenstadt

Noch heute sehe ich mich am Straßenrand sitzen, wenn ich zurückdenke. Ach nein, Unsinn – ich sehe mich natürlich nicht dort sitzen, denn damals sah ich ja nichts! Nur schwarz.

Blind im Jericho jener Zeit – das bedeutete betteln. Das bedeutete, das Leben am Rande des Existenzminimums zu fristen. Das bedeutete, nichts lernen und nichts arbeiten zu können. Also nutzlos zu sein für die menschliche Gesellschaft. Mehr noch: überflüssig zu sein, lästig, ärgerlich!

Nur das Mitleid hielt die Menschen davon ab, mich das noch deutlicher fühlen zu lassen. Und die gute Erziehung. Aber ich merkte sehr wohl, wie sie über mich dachten. O ja, man lernt es, auf die feinen Nebentöne der Stimmen zu achten, wenn man nicht ihre Augen beobachten kann.

Eine ständige Mahnung war ich für die Vorbeigehenden, mir etwas zu geben. Und damit war ich ein Ärgernis, einfach durch mein Dasein, ein Hindernis auf ihren unbeschwerten Wegen. Immer wieder lockte ich ihr Mitleid heraus. Und es ließ sich locken.

Oh, wie ich es haßte, dieses Mitleid! Ich war darauf angewiesen, ich lebte davon. Und doch haßte ich es. Das ist ein Widerspruch, ich weiß. Aber so war es. Weil ich zu gerne frei gewesen wäre von diesem Mitleid, darum haßte ich es. Weil ich nicht darauf angewiesen sein wollte, und es doch war.

Wenn manchmal die Kinder ihre bösen Streiche mit mir spielten – Kinder können grausam sein –, dann verletzte mich das zwar. Aber andererseits war ich zufrieden mit den Frechheiten, die sie sich mit mir erlauben konnten. Waren diese Kinder doch die einzigen Menschen, die mich ernst nahmen, wenn auch nur als Objekt für ihre Späße. Aber ich war dann wenigstens einmal nicht das Objekt des Mitleids.

Von dem anderen will ich nicht viel reden. Von dem brennenden Wunsch, einmal die Sonne zu sehen. Einmal mit einem Blick den verschlungenen Unterlauf des Jordans zu erfassen oder die Felsen der judäischen Berge. Einmal selbst beurteilen zu können, ob meine Heimatstadt Jericho wirklich so schön war, wie man sagte. Einmal in das Gesicht eines Menschen blicken zu können. Einmal zu wissen, was Farben sind; zu wissen, was gemeint ist, wenn sie sagen, Jericho sei eine grüne Stadt, und der Himmel sei blau und die Früchte gelb oder rot.

Auch all das andere will ich nicht ausführlich schildern: das Elend, die Armut, den Hunger, den Schmutz. Den Fraß, den man mir manchmal anbot, und den ich zu verschlingen gezwungen war, weil er bei allem Ekel satt machte.

Von all dem will ich nicht viel sagen, weil es nicht das Schlimmste war. Es war leicht zu ertragen gegenüber dem Gefühl, nichts, aber auch nichts Nützliches in dieser Welt tun zu können. Konnte ich doch nicht einmal etwas tun, um mir selbst das Leben zu erhalten, mein sinnloses Leben. Das einzige, was ich zu seiner Erhaltung tun konnte, war, daß ich es nicht gewaltsam beendete.

Warum tat ich das eigentlich nicht?

Ich weiß es nicht. Die Frage ist schwer zu beantworten. Es ist vom Schöpfer in den Menschen hineingelegt, daß er an seinem Leben hängt, auch wenn es ihn noch so anekelt.

Vielleicht war es auch die Hoffnung. Ertrinkende greifen nach einem Strohhalm, sagt man. Der trägt sie natürlich nicht. Aber so ist das mit der Hoffnung in großer Not – sie fragt nicht nüchtern, was Sinn hat und was nicht. Sie hofft eben und klammert sich dabei an die winzigsten Anhaltspunkte.

Ein solcher winziger Hoffnungsschimmer war das Gerücht über Jesus. Er solle Kranke heilen, erzählte man mir, und zwar in großer Zahl und Kranke aller Art. Auch Blinde seien darunter, hieß es. Ob das stimmte?

»Die Blinden sehen . . .« Dieser Satz ging mir immer wieder durch den Kopf. Jesaja soll geschrieben haben, das geschehe, wenn der Messias komme, der verheißene Sohn Davids. Noch mehr solle dann geschehen, aber das hatte ich vergessen. Nur das war mir noch in Erinnerung: »Die Blinden sehen . . .«

Nicht weit von hier hatte damals Johannes im Jordan getauft. Von meinem Bettelplatz aus hätte ich den Ort sehen können, wenn ich hätte sehen können. Als er verhaftet und drüben in Machärus eingekerkert wurde, zweifelte er an Jesus. Er schickte Boten zu ihm und ließ ihn fragen, ob er der Messias sei. Da soll Jesus dieses Wort Jesajas zitiert haben. Das heißt doch, daß er der Messias war. Wenn er Kranke heilte, wenn er Blinde sehend machte, war er der versprochene Davidssohn. Und wenn er es war, dann konnte er auch mich . . .

Kaum auszudenken! Nein, ich wollte mir keine Illusionen machen. Und wenn er es war – wie sollte ich zu ihm kommen? Wie sollte ich ihn finden? Und sollte er einmal zufällig hier vorbeikommen – wie sollte ich das merken? Und warum sollte er ausgerechnet mich beachten? Nein, nein, besser man phantasiert nicht zu optimistisch, um nicht zu sehr enttäuscht zu werden.

Der Tag, von dem ich erzählen will, war zunächst ein Tag wie viele Hunderte vorher. Wenn das ganze Leben aus Betteln besteht, ebnen sich alle Unterschiede ein. Um so aufmerksamer wird man für jede kleine Veränderung. Darum fiel mir der Tumult schon auf, als er noch weit weg war.

Näher und näher wälzte sich die Menschenmasse, und ich wurde unruhig. Dann waren sie da. Vorn an der Straße gingen sie vorbei, und ich wußte nicht, wer es war.

»Hallo!« rief ich zaghaft. Was denn da los wäre. Irgend jemand möchte mir doch bitte mal sagen, was der Volksauflauf bedeute. Jemand hatte Mitleid und sagte es mir: »Jesus von Nazareth geht vorbei.«

Wie ein Blitz durchfuhr mich die Nachricht.

Jesus von Nazareth! Der Messias! Meine einzige Hoffnung! Jetzt oder nie!

Während mir vor Aufregung das Blut in den Kopf schoß, überlegte ich fieberhaft. Nein, ich überlegte eigentlich nicht, ich wußte es, ohne nachzudenken: Das ist deine Chance! Wenn du sie verpaßt, kommt sie nie wieder! Er oder keiner! Jetzt oder nie!

Was tun?

Jemanden bitten, mich hinzubringen? Ach was, bitten – ich weiß doch, wie sie sind, die Leute. Ich bin ihnen lästig. Und das dauert auch alles zu lange. Bis dahin ist Jesus am Ende wieder weg. Nein, ihn selbst muß ich bitten! Schreien muß ich!

»Jesus!« rief ich, nein, schrie ich mit aller Kraft ins Nichts hinaus.

»Jesus!«

War er noch entfernt oder schon nah oder schon wieder weit weg?

»Jesus!«

Die Luft ging mir aus, mir schwanden fast die Sinne. Was tat's – dies war der entscheidende Augenblick meines Lebens.

»Jesus, du Sohn Davids! Erbarme dich über mich!«

Wie ein Messer schnitt mein Schrei in die zähe Masse der Menschen und ihr Gemurmel und ihr Geschwätz. Ich wußte, daß ihnen das ärgerlich war. Darum war ich auch nicht erstaunt, als sie mich beruhigen wollten. »Was schreist du so? Du belästigst den Meister. Er hat viel zu tun. Sei nicht so aufdringlich!«

O ja, für sie war ich aufdringlich. Ich ging ihnen auf die Nerven. Aber für mich hing das Leben davon ab, ob mein Schrei zu ihm durchdrang. Da wollte ich ihnen gern auf die Nerven gehen. Hier konnte ich keine Rücksicht nehmen. Und wenn mein Schrei ihnen die Nerven durchsägen sollte.

»Jesus, du Sohn Davids, erbarme dich!

Erbarme dich!

Erbaaaaaaaaaarme . . .«

In den Sekundenbruchteilen, bevor ich meine Lungen wieder voll Luft pumpen konnte, lauschte ich dem gellenden Ton nach. Und es war mir, als wären alle anderen Töne verstummt. Als hätte die Gewalt meines Verzweiflungsschreis alles Geplapper weggefegt, alles gleichgültige Gerede an die Wand gedrückt, alles oberflächliche Geschwätz niedergewalzt.

»Jesus! Du Sohn Davids!«

So laut schrie ich, so trotzig setzte ich mich über die Leute hinweg, daß ich zunächst gar nicht hörte, was sie mir sagten.

Dann aber begriff ich es, erschlagen von Freude: »Er ruft dich. Du sollst zum Meister kommen. Sei still, steh auf und geh zu ihm!«

Ich sprang auf, wie ein Geschoß von der Bogensehne schnellt.

Mantel und Geldschale und der ganze Bettel fielen zu Boden und blieben liegen. Elend und Hoffnungslosigkeit fielen ebenso ab und blieben da.

An die unsicher tastenden Schritte des alten Bartimäus kann nicht mehr viel erinnert haben, als ich auf ihn zusprang, nur den Anweisungen der vielen fremden Leute folgend: »Dorthin! Hierher!«

Dann packte mich jemand am Arm und stellte mich in Positur, so daß ich annahm, ich stand nun vor dem Mann, zu dem mein ganzes Sehnen ging.

Für einen Augenblick war alles still. Nur in meinen Ohren gellte noch der verzweifelte Schrei aus meiner eignen Kehle.

War es deshalb, daß mir die Stimme so auffallend warm und freundlich vorkam, die jetzt zu mir sprach? »Was willst du? Was soll ich dir tun?«

Ich kann nachträglich nicht sagen, ob ich durch das Schreien und den schockierenden Überfall der Schicksalsstunde einer Ohnmacht nahe, oder ob ich in diesen besonderen Augenblicken überwach war. Jedenfalls war es mir bei diesen liebevollen Worten, als hätte mir jemand die Welt zu Füßen gelegt und gesagt, ich sollte mir das schönste Königreich aussuchen.

»Herr! Meister!« hörte ich mich mit heiserer Stimme sagen, »daß ich sehend werde!«

Man verzeihe mir, daß ich seine Worte erst später beachtete und richtig verstand, die Worte: »Gehe hin! Dein Glaube hat dir geholfen!« Was sind schon Worte! Hatte ich nicht mein Leben lang nur Worte gehört, aber nie Taten gesehen? Ich wußte in diesem Moment noch nicht, daß bei Jesus kein Unterschied besteht zwischen Worten und Taten. Daß seine Worte Wundertaten sind.

Ich hörte kaum, was er sagte.

Denn jetzt sah ich!

Ich konnte sehen!

Ja, das mußte es sein, was man sehen nennt!

Eine Flut von Licht fiel in mich hinein, eine strahlende Pracht. Und doch nicht unterschiedslos, sondern in unvorstellbarer Vielfalt von Formen, Farben und Abstufungen der Helligkeit.

Ich sah!

Und vor mir sah ich einen Menschen.

Ich wußte, wie die Gesichter aussehen mußten. Ich hatte sie gelegentlich gefühlt. So hatte ich mir ein Bild machen können: Augen, Nase und Mund, Stirn und Wangen. Aber was ich da vor mir sah, war so ganz anders. Das war so etwas strahlend Schönes, etwas Lebendiges und Leben ausstrahlendes! Voller Güte war dieses Gesicht, voller Weisheit, voller Hoheit, dabei aber mir ganz zugewandt, mir!

Sollte so herrlich das menschliche Angesicht sein? Sollte der Anblick eines Gegenüber immer so glücklich machen? Was hatte ich dann bisher verpaßt! Und wie konnten dann die Menschen je böse zueinander sein!

Aber nein, mein Irrtum klärte sich schnell auf. Nicht alle Menschen sahen so aus, sondern nur er, der eine, der Mensch in Vollkommenheit. Um ihn her standen die Menschen, wie ich sie mir vorgestellt hatte. Die einen neugierig, die anderen ungeduldig, einige sogar ärgerlich, einige auch freundlich. Aber auf sie wollte ich jetzt nicht sehen. Ich wollte den Anblick in mich aufnehmen, den ich als erstes mit meinen sehenden Augen aufgenommen hatte. Dieses Bild sollte sich mir einprägen, sollte unauslöschlicher Bestandteil meines Lebens und Denkens werden, sollte alles andere überstrahlen, was ich jemals sehen würde.

Was soll ich Ihnen noch erzählen? Ist es nötig, zu erwähnen, daß ich ihm dankte, daß ich jubelte und sang, daß ich mit ihm ging, um ihm möglichst ganz nahe zu sein? Das alles ist selbstverständlich. Unnötig fast, es zu erwähnen.

Mein Leben war anders geworden. Völlig anders.

Weil ich sehen konnte? Ja, das auch. Aber mehr noch: weil ich ihn gesehen hatte, Jesus, den Menschensohn und den Gottessohn.

Er ist das Größte, was sich anzuschauen lohnt. Nur ihn gesehen zu haben und sonst blind zu sein, ist mehr, als ein ganzes Leben lang gesunde Augen zu haben und ihn nicht zu erkennen.

Der Steuerinspektor und seine Kletterpartie

Natürlich erinnere ich mich, hat doch die Begegnung mein Leben völlig verändert! Ich spreche nicht von den äußeren Verhältnissen, obwohl auch die anders wurden. Ich meine das, was in mir vorging, mein Denken und Fühlen. Ich meine die Antwort, die ich auf meine Fragen bekam, auf mein verzweifeltes Suchen, meine Sehnsucht.

Was ich für eine Sehnsucht hatte? Ja, sehen Sie, so fragen die meisten. Sie sehen nur das, was äußerlich ist: den Reichtum, die Macht, den Luxus. Und weil sie das auch gern hätten – schließlich erhofft man sich allgemein das Glück von mehr Besitz – weil sie das gern hätten, was sie an mir sehen, meinen sie, ich müßte glücklich sein.

Ich kann es niemandem verübeln, der so denkt. Schließlich dachte ich ja auch so. Darum bewarb ich mich auch um den Posten des obersten Steuereinnehmers. Da konnte man reich werden, das wußte ich. Darin lag ja gerade die Raffinesse dieses Systems, daß die Staatsmacht mitverdiente an der Geldgier ihrer Bevollmächtigten. Für viel Geld mußte man solch einen Posten kaufen. Aber er gab einem dann auch die Möglichkeit, noch mehr Geld zu verdienen – oder sagen wir besser: zusammenzuraffen.

Ich hatte es also erreicht: Ich war Obersteuerinspektor von Jericho und nutzte die damit verbundene Chance, den Leuten ihr Geld abzunehmen, weidlich aus. Mein Besitz häufte sich.

Aber zufrieden wurde ich nicht. Die tiefsitzenden Fragen nach dem eigentlichen Wert meines Lebens blieben unbeantwortet. Ja, sie begannen erst recht, mir zu schaffen zu machen. Nachdem ich alles Ersehnte erreicht hatte, wurde mir die Hohlheit alles dessen bewußt, und die Fragen nach woher und wohin und wofür des Lebens ließen mich nicht los.

Und dann war da die Schuld. Es ließ sich einfach nicht verdrängen, daß ich mir meinen Wohlstand mit der Armut anderer erkauft hatte. Ich mußte die Armen sicher nicht fürchten. Aber ihre Verachtung und ihr Haß taten doch weh. Fürchten mußte ich Gott. Was er dazu sagt, wenn man den Armen um den letzten Groschen betrügt – ja überhaupt, wenn man einem anderen etwas wegnimmt, das wußte ich. Ich hatte es auch vorher gewußt. Nur glaubte ich es nicht beachten zu müssen. Aber das Gewissen ist eine Macht, die meistens nicht richtig eingeschätzt wird.

Wahrscheinlich hätte ich alle diese Probleme verdrängt oder – wenn das nicht ging – bis ans Lebensende stillschweigend mit mir herumgeschleppt. Denn daß ich von mir aus zu einem radikalen Kurswechsel die Kraft finden würde, war aussichtslos. So unlogisch es klingt: Die Verzweiflung, mit der man sich trotz der Enttäuschung an den einmal erworbenen Besitz klammert, ist noch größer als die Sehnsucht, mit der man ihn vorher erstrebte.

Wie gesagt, wahrscheinlich wäre alles so geblieben, wenn nicht eines Tages ein Gerücht durch Jericho gegangen wäre: Jesus sollte kommen. Viel hatte man sich von ihm erzählt, von seinen Wundern, von seinen neuen Lehren. Sicher konnte ein aufgeklärter Mensch wie ich nicht alles glauben, was so am Zollhäuschen aufzuschnappen war. Aber wenn nur die Hälfte von dem stimmte, was man sich erzählte – ach, was sage ich – wenn nur ein Zehntel davon stimmte, dann mußte dieser Jesus ein ganz ungewöhnlicher Mensch sein.

Ob ein Mann mit solcher Weisheit, mit solcher Frömmigkeit nicht auch meine Fragen beantworten konnte? Auf ganz merkwürdige Weise fühlte ich mich hingezogen zu ihm, obwohl ich ihn noch gar nicht kannte.

Da hatte einer von einem Höheren Vollmacht bekommen. Auch ich hatte von einem Höheren Vollmacht bekommen. Aber bei ihm war es mehr. Seine Vollmacht kam von Gott. Wie sollten seine wunderbaren Taten sonst zu erklären sein? Er benutzte aber diese Vollmacht nun nicht im eigenen Interesse, wie ich es tat, sondern für andere. Er half Armen und Kranken, statt sie auszunutzen. Was für eine Persönlichkeit mußte das sein! Ich wollte ihn kennenlernen. Ein Gespräch mit ihm anzustreben, war aussichtslos. Ich war schließlich als unmoralischer Mensch bekannt. Er würde kein Interesse an mir haben.

Gut, er verachtete auch die Verachteten nicht. Er nahm sich auch der Sünder an, wenn man den Gerüchten Glauben schenken konnte. Aber da ging es um die wirklich Armen, um die, die es schon als Bettler gewohnt waren, sich demütig vor anderen niederzuwerfen. Daß er denen sein Mitleid zuwandte, wunderte mich zwar, aber ich konnte es verstehen. Kann man sich aber vorstellen, daß ein steinreicher Sünder Mitleid erregt? Wenn er schon auf die frommen Pharisäer und andere hochstehende Leute nicht gut zu sprechen war, wie man sich erzählte, sollte er da ausgerechnet an einem der Honoratioren Interesse haben, der ein Gauner war? Mußte dem Propheten der Armen und Schwachen nicht die Habgier der Mächtigen und der Diebstahl mit der weißen Weste besonders zuwider sein?

Ein Gespräch konnte ich also nicht erhoffen. Überhaupt weiß ich nicht, was ich eigentlich erhoffte. Aber sehen wollte ich ihn wenigstens.

Das jedoch war nicht ganz einfach. Die Hauptstraße, auf der er voraussichtlich entlangkommen würde, war vollgestopft mit Menschen. War es Neugier? Waren es Motive wie bei mir? Jedenfalls schien die ganze Stadt auf den Beinen zu sein, um ihn zu sehen.

An verschiedenen Stellen versuchte ich durchzukommen. Aber jeder, der einen Platz erkämpft hatte, verteidigte ihn verbissen. Gegen mich erst recht, der ich in der Beliebtheitsskala von Jericho sicher einen der alleruntersten Plätze einnahm, um es gelinde auszudrücken. Wer tritt schon freiwillig beiseite und läßt ausgerechnet einen Oberzöllner vor?

Da ich außerdem ziemlich klein bin und niemandem über die Schulter gucken konnte, mußte ich mir etwas anderes einfallen lassen.

Ich rannte ein Stück weiter, wo sich noch nicht so eine Menge angesammelt hatte. Aber wenn der Wundermann in die Nähe kommen würde, stand zu erwarten. daß man mich wieder beiseite drängte. Was tun?

Da stand ein Baum. Ich sah ihn, und mein Entschluß stand sofort fest. Ich kletterte hinauf.

Die Leute schickten mir amüsierte Blicke und spöttische Bemerkungen nach. Sie hatten sicher noch nie einen Steuerinspektor im Geäst eines Maulbeerbaums gesehen. Ich allerdings auch noch nicht. Und ich gestehe, daß ich kurz vorher noch der Meinung war, er gehöre da auch nicht hin. Aber das hier war ein Sonderfall. Da konnte ich keine Rücksicht auf Konvention und Etikette nehmen. Ein Notfall.

Ein Notfall? Ja, ich war wirklich in Not. Not ist nicht nur da, wo man krank oder bettelarm und am verhungern ist. Not ist auch da, wo man innerlich leer ist, wo man erkennt, daß man mit seinem ganzen bisherigen Leben den falschen Weg eingeschlagen hat, aber den richtigen nicht findet. Ob Jesus den richtigen Weg wußte?

Während ich da saß und wartete, ließ ich mir noch einmal durch den Kopf gehen, wie ich auf den verkehrten Weg geraten war. Ich bin immer der Meinung gewesen, das Ganze hätte mit der Tatsache angefangen, daß ich so klein geraten war. Heute bin ich mir da nicht mehr so sicher. Man ist ja leicht geneigt, die Schuld auf Umstände zu schieben, für die man nichts kann.

Jedenfalls stand ich früh – von den Mitmenschen wegen meiner Statur gehänselt und geschnitten – vor der Alternative, bescheiden zurückzutreten oder mich durchzuboxen. Nicht bewußt natürlich. Als ich anfing, diese Dinge bewußt zu erkennen, war ich bereits auf dem Weg, der mich zum allseits gehaßten Reichen machte. Was man mir nicht gab, mußte ich mir eben nehmen.

Ich hatte nicht gemerkt, daß ich desto mehr verlor, je mehr ich mir nahm. Den äußeren Reichtum hatte ich mit einer inneren Armut zu bezahlen, von der ich vorher gar nicht gewußt hatte, daß es so etwas gibt. Jetzt aber wußte ich es. Jetzt hatte ich den teuflischen Betrug durchschaut. Es mag nicht für jeden so erscheinen, der auf betrügerische Weise zu seinem Besitz kommt. Mancher lebt sehr gut damit. Aber wohl nur, weil er die Frage nach dem ewigen Richter verdrängt.

Ich konnte das nicht. Ich wußte, daß ich schuldig war. Mein Gewissen sagte es mir deutlich. Aber es sagte mir nicht, wie ich die Schuld loswerden konnte. Unter mir schwoll der Lärm an. Immer mehr Leute drängten sich, um einen Blick auf den berühmten Mann zu werfen.

Da bog auch schon eine Menschentraube um die Ecke. Der da vorn – das mußte Jesus sein. Er ging voran. Die anderen Männer folgten ihm dicht, zum Teil gingen sie auch neben ihm. Leute aus Jericho drängten sich um die Gruppe.

Jetzt war er fast unter mir. Ich konnte sein Gesicht von oben nicht gut sehen. An seiner Gestalt und seiner Kleidung war nichts Auffälliges.

Gerade unter mir blieb er stehen. Es dauerte einige Augenblicke, bis auch die stillstanden, die weiter von ihm entfernt waren.

Jesus blickte zu mir hinauf. Alle folgten seinem Blick, und ich schwebte plötzlich über einem Meer von neugierigen Gesichtern.

Aber warum blieb er stehen? Warum sah er nach oben? Suchte er jemanden im Baum?

Ich brauchte darüber nicht lange nachzudenken, denn nun sprach er mich an. Ja, mich! Ich kenne zwar einige aus Jericho, die Zachäus heißen. Aber keiner von ihnen saß hier im Baum. »Zachäus«, sprach er mich an. Woher nur kannte er meinen Namen? »Zachäus, steig schnell herunter, ich muß heute in deinem Haus einkehren!«

Wie? In meinem Haus? Jesus, der Prophet, oder was immer er war, jedenfalls der Mann Gottes – der wollte zu mir, dem Oberzöllner? Hatte ich mich verhört? Das konnte doch gar nicht wahr sein! Er kannte mich doch gar nicht! Woher wußte er meinen Namen? Und wenn er mich kannte, dann hatte er erst recht keinen Grund, mich zu besuchen!

Das Gemisch aus Trotz und Sehnsucht, das mich erfüllt hatte, wich einer frohen Spannung. Wenn nun wirklich . . . Sagte man nicht von ihm, daß er die Sünder suche wie ein Hirte sein verlorenes Schaf? War ich nicht auch verloren? Hatte ich mir nicht ein Gespräch mit ihm sehnlich gewünscht, nur eben nicht zu erhoffen gewagt?

Nun sah ich in das liebevolle Gesicht des Mannes auf der Straße unter mir, und ich wußte, daß er es ehrlich meinte. Verschlagene, heuchlerische, gierige Gesichtszüge kannte ich zur Genüge. Sie hatten mich gelehrt, in jedem einen Konkurrenten oder einen Feind zu sehen. Entweder jemanden, vor dem man sich höllisch in acht nehmen mußte, oder den man ausnutzen konnte. Ich kannte die Menschen in ihrer Boshaftigkeit. Schließlich war ich auch so einer.

Vor diesem Gesicht aber schmolzen alle meine Bedenken und Zweifel. Freude keimte auf.

Aber – was saß ich hier so lange und stellte Überlegungen an. Schnell sollte ich herunterkommen, hatte er gesagt. Also – nichts wie runter!

Ich fiel mehr, als daß ich kletterte. Im Nu stand ich vor ihm. Ganz aufgeregt schaute ich zu ihm auf – jetzt mußte ich nach oben blicken. Ich stotterte etwas wie eine Einladung. »Wie freue ich mich, Herr! Hier entlang geht's. Ich wohne dahinten. Aber das weißt du sicher auch schon.«

Das mürrische Gerede der Leute hörte ich wohl. Aber es kam mir gar nicht zum Bewußtsein. Erst später dachte ich darüber nach, daß sie verständlicherweise verärgert waren. Natürlich hatten sie es viel eher verdient, daß Jesus sie besuchte. Aber es ging eben nicht darum, was einer verdiente. Jesus wollte gerade die suchen, die nichts Verdienstvolles aufweisen konnten.

Zu Hause begann eine hektische Betriebsamkeit. Meine Frau raste zum Einkauf. Diener richteten die guten Zimmer für Jesus und seine zwölf Begleiter her. Mägde begannen mit Töpfen und Pfannen zu hantieren.

Während ich all das beobachtete, überkam mich eine Freude, wie ich sie bis dahin noch nicht gekannt hatte. War es nicht herrlich, diesen Gesandten Gottes bei mir zu beherbergen? Und mußte es nicht auch viel schöner sein, Arme und Bedürftige zu bewirten als die Leute, die sonst bei mir zu Gast waren: andere Gauner mit weißer Weste, mit denen der letzte gelungene Coup zu feiern war, Untergebene, mit denen die nächste »steuerliche Maßnahme« auszuhecken war, römische Beamte oder Offiziere, mit denen Kontakt gepflegt werden mußte? Warum mußte das andere schöner und befriedigender sein? Weil Gottes Segen darauf lag.

In der Begeisterung über diese Entdeckung trat ich vor Jesus hin und ließ ihn meinen festen Entschluß wissen: »Herr, die Hälfte von meinem Besitz will ich den Armen geben. Und was ich mir unrechtmäßig genommen habe, gebe ich vierfach zurück.« Verstehen Sie – ich habe nicht gerechnet, ob das überhaupt geht, oder was dabei noch für mich übrigbleibt. Hier ging es nicht mehr um eine wirtschaftliche Überlegung. Das alles, was bisher der Inhalt meines Lebens gewesen war, trat nun weit zurück. Jetzt war nur noch Jesus wichtig, und was er mir brachte.

Was brachte er mir denn eigentlich? Bis jetzt konnte ich das noch nicht richtig erklären. Da war nur das unbestimmte Gefühl, daß ich jetzt geliebt war, wo mich bisher alle verachtet hatten. Daß ich einen neuen Weg vor mir sah, nachdem ich mich auf meinem verkehrten Weg so verrannt hatte. Freude war da. Mein Herz war zum Zerspringen voll Freude. Aber worüber, konnte ich nicht genau sagen.

Jesus sagte es mir: »Heute ist diesem Haus Heil widerfahren.« Ja, Heil, Heilung, Rettung hatte ich geschenkt bekommen. Jesus erinnerte an meine Zugehörigkeit zu Gottes auserwähltem Volk. Auch ich war auserwählt gewesen. Auch mit mir hatte Gott einen guten Plan. Ich aber hatte nicht danach gefragt, hatte mein Volk, das Volk Gottes, verraten, hatte Gott selbst aus meinem Denken und Handeln ausgeklammert. Daher war all mein Elend gekommen.

Nun aber hatte Jesus mich heil gemacht. Er hatte mich auf den richtigen Weg gebracht. Nicht durch Belehrung oder Ermahnung. Einfach durch sein Dasein, seine Liebe. Alles, was er sagte und tat und wie er sich mir gegenüber verhielt, sagte es mir überdeutlich: Dir ist vergeben. Vergiß das alte. Fang neu an. Fang ein frohes und sinnvolles Leben an in der Übereinstimmung mit dem Willen Gottes.

Es wurde noch viel gesprochen an diesem herrlichen Tag. Begierig sog ich alles auf, was Jesus sagte. Nicht alles konnte ich verstehen. Manches behielt ich und erfaßte seine Bedeutung erst später. Einiges habe ich bis heute noch nicht verstanden.

Aber das war nicht schlimm. Das Wichtigste hatte ich begriffen. Und nicht nur mit dem Verstand. Ich hatte es erlebt. Jesus drückte es so aus: »Ich bin gekommen, zu suchen und zu retten, was verloren ist.«

Der Wachbeamte mit dem delikaten Auftrag

Es war eine unheimliche Nacht.

Eigentlich war der Tag danach noch unheimlicher. Als der Gefangene verurteilt wurde – mehr von der Volksmasse als von Pilatus –, als er gekreuzigt wurde und daraufhin der Himmel sich verfinsterte, als die Erde bebte und ohne ersichtlichen Grund der Vorhang zerriß, der das Allerheiligste im Tempel abschloß – da ist manchem ein Schauer über den Rücken gegangen. Auch den geistlichen Führern. Ja, gerade denen.

Aber wenn ich von mir erzählen soll, dann muß ich von der Nacht vorher berichten; denn was da geschah, berührte mich persönlich.

Ich gehörte zur Tempelwache. Die untersteht dem Hohenpriester. Militärische Aktionen waren uns nicht erlaubt. Darauf achteten die Römer streng. Aber im Tempelbereich mußte die Ordnung aufrechterhalten werden, und das ging nicht ohne eine kleine Polizeitruppe. Die Römer durften ja nicht in den Tempel. Und überhaupt – an so etwas hatten sie kein Interesse. Die Bagatellfälle überließen sie uns. Angst brauchten sie vor unserem kleinen Trüppchen nicht zu haben. Wir waren nicht verdächtig, einen Aufstand zu planen. Da kam von einer anderen Ecke, von den Zeloten, viel eher Gefahr.

Aber ich wollte von dieser Nacht erzählen.

Wir erhielten Befehl, uns zu bewaffnen und Lampen bereitzuhalten. Was es zu tun gab, sagte man uns noch nicht.

Mitten in der Nacht kam dann der Befehl zum Aufbruch. Unser Anführer ging voran. Neben ihm einer, der ihn offenbar führte. Ich kannte ihn nicht. Aber mein Freund Malchus meinte, das wäre einer von den zwölf Schülern, die der Rabbi Jesus um sich gesammelt hatte.

Wenn das stimmte – was hatte es zu bedeuten? Ich wußte, daß Kaiphas nicht gut auf Jesus zu sprechen war. Die meisten vom Hohen Rat hatten etwas gegen ihn. Einmal haben sie Leute von uns geschickt, um ihn festzunehmen. Aber die waren unverrichteter Dinge wiedergekommen. Sie waren von seiner Rede so gefesselt, daß sie sich nicht trauten, ihn gefangenzunehmen. Das gab vielleicht ein Donnerwetter vom Chef!

Als wir die Stadt verlassen hatten und im Kidrontal angekommen waren, rief uns der Anführer zusammen. Jetzt erst erfuhren wir, was los war: Es ging tatsächlich um Jesus. Der Chef stellte uns den Mann vor, der neben ihm gegangen war. Er hieß Judas und wollte seinen Rabbi verraten. Komische Sache! Naja, so war es am bequemsten.

Judas sollte dafür sorgen, daß wir auch den richtigen schnappten und nicht etwa einen der Schüler. Das konnte in der Dunkelheit ja leicht passieren. Offenbar wußte er auch genau, wo sich die Leute aufhielten. Er sollte dann auf den Mann zugehen und ihm einen Begrüßungskuß geben. Das war das Zeichen, den galt es festzunehmen.

Wir marschierten weiter über den Kidronbach und ein Stück den Ölberg hinauf. Da liegt rechts am Weg ein umfriedeter Olivengarten mit einer Ölmühle. Da ging dieser Judas hinein.

Es schien ihm nicht ganz leicht zu fallen. Man merkte es an seinem Zögern. Aber nun gab es kein Zurück mehr. Wenn die Leute hier drin waren, hatten sie uns sicher schon gesehen und gehört. Eine besonders gelungene militärische Operation war das nicht. Wir hätten den Garten mindestens umstellen müssen. Naja, wir sind eben keine Soldaten.

Was dann kam, ist schwer zu schildern. Es ging alles sehr schnell und durcheinander. Auch konnte ich bei dem schwachen flackernden Licht nicht alles erkennen.

Ein Mann kam uns entgegen. Judas ging auf ihn zu. Im Hintergrund standen noch andere Männer. Wir rückten vorsichtig näher, die Hand am Schwertgriff.

Judas gab dem Mann einen Kuß. Wir zögerten einen Moment, weil keiner einen richtigen Befehl gab. Da hörten wir den Rabbi: »Verrätst du den Menschensohn mit einem Kuß?« Judas antwortete nichts. Ich möchte nicht in seiner Haut gesteckt haben.

Dann sagte Jesus laut: »Wen sucht ihr?«

»Jesus aus Nazareth«, murmelten wir. Es war eine ganz peinliche Situation. Natürlich waren wir die Stärkeren. Aber wir mußten uns von diesem Mann ausfragen lassen wie dumme Schüler von ihrem Lehrer. Mußten? Ja, wir mußten. Irgendeine geheimnisvolle Hoheit ging von diesem Mann aus. Eine Ruhe, als sei er der Herr der Lage.

»Ich bin's«, sagte er ruhig. Die Worte trafen uns wie Peitschenhiebe. Wie konnte einer, der doch wissen mußte, was die Stunde geschlagen hatte, mit solch einer Gelassenheit reden?

Wir zögerten. Aber die weiter hinten Stehenden schoben voran. Es gab ein Gedränge. Einige fielen dabei hin.

Noch einmal fragte er: »Wen sucht ihr?« Hilflos, eingeschüchtert stotterten wir: »Jesus aus Nazareth.«

»Ich habe euch gesagt, daß ich es bin«, sagte er.

Immer noch griff keiner zu, obwohl doch längst klar war, wen es zu fangen galt.

Ruhig redete Jesus weiter: »Wenn ihr mich sucht, dann laßt diese gehen.« Er zeigte auf die Leute hinter sich.

Das war wohl das auslösende Stichwort für einen der Männer, die weiter hinten standen. Ich nehme an, er wollte es nicht auf sich sitzenlassen, daß er stiftengehen sollte, während man seinen Herrn gefangennahm. Er sprang nach vorn. Ein Schwert blitzte im Mondlicht – und schon hatte er zugeschlagen. Ein kurzer Schrei. Einen von uns mußte es erwischt haben.

Jetzt war der Bann gebrochen. Solange es so geheimnisvoll zuging, hatten wir uns nicht getraut, zuzupacken. Aber wo kräftig dreingeschlagen wurde, da fühlten wir uns gleich wohler. Zehnmal lieber ein handfester Streit als diese peinliche Situation vorher. Der Mann mit dem Schwert wußte gar nicht, was er uns für einen Gefallen tat.

Einige von uns packten Jesus an den Armen, andere gingen mit den Waffen auf den Mann los. Aber da sprach Jesus weiter. Und seltsam, das Geschrei, mit dem wir unsere Beklemmung abschütteln wollten, verstummte sofort wieder.

»Steck dein Schwert in die Scheide!« befahl Jesus seinem einzigen Getreuen. »Wer das Schwert nimmt, soll durchs Schwert umkommen.«

Allerdings! Dem hätten wir schon gezeigt, wie scharf unsere Schwerter sind. Oder meinte Jesus es anders?

Egal, wir würden schon . . . »Laß sie ruhig machen«, sagte er noch. Als wenn er eine andere Wahl gehabt hätte!

Dann ging er, ja, er ging – wir ließen ihn wieder los – zu dem Verletzten. Jetzt sah ich es: Es war Malchus, mein Freund. Er hielt die Hand an den Kopf, und das Blut rann ihm durch die Finger.

Jesus bückte sich. Jetzt konnte man sehen: Er hob etwas auf. Das Ohr! Das rechte Ohr meines Freundes Malchus, das ihm dieser Kerl abgehauen hatte. Jesus klopfte den Schmutz ab und hielt es ihm an den Kopf. Was sollte denn das bedeuten? Sah ich richtig? Er hatte das Ohr wieder angeheilt. Ohne Zweifel! Als er und Malchus die Hand wegnahmen, war das Ohr fest.

Man kann es kaum glauben. Aber ich schwöre, daß es so war. Und ich habe später Malchus noch oft am Ohr gezupft. Es war genauso fest wie immer.

Wie machte er das nur? Und vor allem: Warum machte er es? Wir waren doch seine Feinde!

Vielleicht wollte er uns damit gnädig stimmen? Von wegen. »Packt ihn! Fesselt ihn!«

Aber nein, das konnte es nicht sein. Die Ruhe, mit der er jetzt sprach, verbot uns zu glauben, er könnte vor uns Angst haben.

»Ihr seid ausgezogen, als wolltet ihr einen Mörder fangen«, sagte er, »mit Schwertern und Spießen! Dabei habe ich täglich im Tempel gelehrt. Warum habt ihr mich da nicht gegriffen? Ich will es euch sagen: Die Worte der Propheten über mich mußten in Erfüllung gehen.«

Unheimlich war uns das alles. Anscheinend meinte er wirklich, daß von ihm etwas in den alten Schriften steht. Darum war er auch so gelassen. Er war ganz sicher, daß doch nur passiert, was Gott längst beschlossen hätte. War das wirklich so?

Ein Trost, zu sehen, daß nicht nur uns unbehaglich zumute war. Auch die Schüler von Jesus machten sich davon. Sogar der mit dem Schwert.

Ihre Flucht löste bei uns diese merkwürdige Erstarrung. Wir setzten ihnen nach, erwischten aber keinen. Einen jungen Mann hätten wir fast gekriegt, der sich in den Büschen versteckt hatte. Einer unserer Leute hatte ihn schon am Gewand. Aber der schlüpfte schnell hinaus und verschwand nackt in der Finsternis.

Unser Anführer rief uns zurück. Es ging ja nicht um die Anhänger von diesem Jesus. Da hätten wir halb Israel gefangennehmen müssen. Es ging nur um ihn selber.

Wir führten den Gefangenen aus dem Garten hinaus – froh, diesen unheimlichen Ort verlassen zu können. Durchs Kidrontal brachten wir ihn auf den Zionsberg hinauf in das Haus des Hohenpriesters.

Kaiphas hat dort ein großes Haus mit einem Hof, der von einer hohen Mauer umgeben ist. Neben seinem Haus – auch über den Hof zu erreichen – liegen die Räume von Hannas, seinem Schwiegervater, der auch einmal Hoherpriester gewesen war und noch immer großen Einfluß hatte.

Zu Hannas brachten wir den Gefangenen zuerst. Das sollte wohl so eine Art Voruntersuchung sein, während die Boten davonrannten, um alle Mitglieder des Hohen Rates aus den Betten zu trommeln und zusammenzurufen.

Es war kalt in dieser Nacht. Wir entzündeten ein

Kohlenfeuer mitten im Hof, an dem wir uns immer wieder aufwärmen konnten.

Aus den Räumen, in denen Hannas den Gefangenen verhörte, drangen immer wieder einige Wortfetzen nach draußen. Aber verstehen konnten wir nicht viel.

Nach und nach trafen die siebzig alten Herren ein, die den Hohen Rat bildeten. Sie versammelten sich in Kaiphas' Haus. Überhaupt war ein reger Verkehr in dem dunklen Hof, und ich hatte keine Übersicht mehr. Die Magd an der Tür ließ jeden rein, der von irgend jemand irgendeine Empfehlung hatte.

Als der Hohe Rat vollzählig war, wurde Jesus von Hannas zu Kaiphas hinübergebracht. Gefesselt! Das war sicher nicht eine Maßnahme, mit der man verhindern wollte, daß ihn ein paar Freunde hier heraushauten. Damit wollte man ihn erniedrigen.

Man konnte gut hören, daß die Sitzung da drin losging. Einzelne Worte verstand ich hier vorne nicht. Aber immer wieder einmal entstand ein lautes Gemurmel oder gar ein Tumult. Ab und zu hörte man das wütende Schreien von Kaiphas, der die Verhandlung zu leiten hatte.

Wir unterhielten uns ein wenig über das Feuer hinweg, um uns die Zeit zu vertreiben. Auf einmal hörte ich einen, den ich nicht kannte, im galiläischen Dialekt reden. Was machte der denn hier? Ein Festpilger, der schon einen Tag früher da war? Aber wie kam er dann hier in den Hof?

Als jemand das Feuer schürte, so daß es heller aufflackerte, sah ich genauer hin. Den kannte ich doch! Natürlich! Das war der mit dem Schwert, der meinem Freund das Ohr abgehauen hatte!

»Du bist auch einer von den Schülern dieses Jesus! Ich hab' dich doch im Garten gesehen!«

Ich wollte ihm ja nichts tun. Schließlich hatten wir Anweisung, nur den Rabbi zu bringen. Aber aus irgendeinem Grund reagierte der Mann sehr heftig. Nein, er wäre es nicht, ganz bestimmt nicht! Und als dann einige meinten, er sei doch Galiläer, man hörte es an der Sprache, und die Jesus-Schüler kämen doch alle aus Galiläa, da fing er sogar an zu fluchen. Nein, verflucht wolle er sein, wenn er den Mann kennen würde!

Es entstand ein kleiner Tumult, der aber plötzlich abbrach, als der Mann auf einmal, wie vom Schlag gerührt, steif stehenblieb und verstummte. Ich konnte mir das gar nicht erklären. Es war gar nichts passiert. Nur der Hahn krähte friedlich in die plötzlich entstandene Stille hinein.

Der Galiläer sackte förmlich zusammen. War er vorher ziemlich mutig aufgetreten – Malchus kann ein Lied davon singen –, schlich er nun auf einmal wie ein geprügelter Hund davon.

Wir andern hatten ihn bald vergessen. Möglich, daß noch mehr dieser Leute sich hier im dunklen Hof versteckt hielten. Aber Gefahr ging von denen sicher nicht aus.

Von drinnen hörte man jetzt wüstes Grölen. Ich konnte daraus nur schließen, daß die vornehmen Herren ihr Urteil gefällt hatten und daß nun die Diener des Hohenpriesters an der Reihe waren. Sie machten sich ihren Spaß mit dem Gefangenen.

Es wurde langsam hell. Sie mußten nun endlich zu einem Schluß kommen. Und tatsächlich. Wir wurden gerufen und mußten den Gefangenen in unsere Mitte nehmen. Dann ging's los zum römischen Gouverneur. Der mußte nämlich sein Ja dazu geben, wenn einer hingerichtet werden sollte.

Es war ein ziemlich langer Zug, der sich nun zur Burg Antonia bewegte: Kaiphas mit sämtlichen siebzig Ältesten, wir von der Tempelwache mit dem Gefangenen und alle möglichen anderen Leute, die sich anschlossen.

Es war schon Tag, als wir vor der Burg ankamen. Kaiphas redete mit den Leuten. Ein paar Legionäre übernahmen den Gefangenen.

Ja, damit war die Sache für mich erledigt. Das heißt, eigentlich auch wieder nicht. Ich hatte zwar mit dem, was dann folgte, nicht mehr direkt zu tun. Aber erledigt war die Sache mit diesem Jesus damit für mich noch nicht.

Manchmal sehe ich ihn noch vor mir stehen, diesen Mann, der so voll Ruhe ist, obwohl alles um ihn her brodelt, der so voll Liebe ist, daß er sogar in den Minuten seiner Gefangennahme noch seinen Feind gesund macht, und der doch so sehr den Haß der frommen Männer auf sich zieht. Vielleicht ist es das Geheimnis dieser Persönlichkeit, das mich immer wieder an ihn denken läßt, auch wenn ich ihn nur einmal gesehen habe. Eben in dieser Nacht vom Donnerstag auf den Freitag vor dem Passahfest.

Der römische Offizier und das Exekutionskommando

Ja, der Vorfall ist mir noch in sehr lebhafter Erinnerung. Nicht, weil es dabei grausam zuging. Wissen Sie, ich bin römischer Offizier. Da ist man einiges gewöhnt.

Wir Legionäre sind bekannt dafür, daß wir nicht zimperlich sind. Sicher, es gibt immer welche, die sensibel sind, und andere, die an den größten Grausamkeiten noch ihren Spaß haben. Das hasse ich auch. Wer aber wegen einer Hinrichtung jahrelang mit einem schlechten Gewissen herumlaufen würde, der wäre in unserer Armee nicht zu gebrauchen. Machen wir uns nichts vor: Krieg ist ein blutiges Geschäft und eine Armee kein humanistischer Zirkel. Sonst wäre sie nicht erfolgreich.

Aber weil das so ist, glauben Sie mir vielleicht, daß es nicht die Grausamkeit war, die jene Szene in mein Gedächtnis eingegraben hat. Es war das Besondere, das von diesem Hingerichteten ausging. Und die Umstände, unter denen das alles geschah.

Es war zunächst eine reine Routinesache. Ich gehörte mit zur Besatzung der Burg Antonia und hatte Dienst, als sie ihn am frühen Morgen anbrachten. Keine Männer von uns, wie sonst meistens, sondern Juden. Tempelwache und solche Leute. Richtige Soldaten durften sie ja nicht haben. Vorne dran Kaiphas mit seinen Genossen. Sie sahen übernächtigt aus. Hatten sich die halbe Nacht mit dem Gefangenen beschäftigt. Der ganze Hohe Rat, siebzig alte Herren. Der mußte ihnen wohl besonders wichtig sein.

Wir nahmen ihn in Empfang, während die Juden

nach Pilatus verlangten. Komische Verhältnisse waren das. Wenn die Unterjochten bei ihm vorstellig werden wollten, mußte der römische Statthalter, der Vertraute des Kaisers, auch sofort zur Stelle sein und ihnen entgegenkommen.

Wir brachten den Gefangenen in den Hof. Ich sah ihn mir genauer an. Der Statur nach hätte er vielleicht einen guten Soldaten abgegeben. Aber er war keiner. Das sah ich gleich. Er war zwischen 30 und 35 Jahren.

Ich versuchte in seinen Augen zu lesen. Gewohnheit, wissen Sie. Falls er hingerichtet werden soll, will man doch gern wissen, was für ein Typ er ist. Macht er Schwierigkeiten oder nicht? Fängt er an, jämmerlich zu heulen, oder flucht er das Blaue vom Himmel herunter? Oder ist er einer von diesen stolzen oder verbitterten Schweigern, die sich lieber die Zunge abbeißen, als ein Wort zu sagen?

Selbst wenn er nicht ans Kreuz soll, will man ja wissen, woran man ist. Es ist schließlich ein Unterschied, ob einer ein problemloser Häftling ist oder ob er den ganzen Keller rebellisch macht, die Legionäre anspuckt und dem Küchenbullen die heiße Suppe durchs Gitter ins Gesicht schüttet. Man hat da so seine Erfahrungen.

Aus dem Neuen wurde ich nicht schlau. Da war keine Angst in seinem Blick, aber auch keine Verbitterung. Kein verbissener Stolz und auch nicht dieser unheimliche Triumph, den man manchmal bei religiösen Märtyrern beobachten kann. Nichts von dem, was ich kannte. Aber was?

Wenn ich es nur beschreiben könnte! Am liebsten würde ich sagen: Es lag Güte in seinem Blick. Aber das klingt vielleicht zu komisch, und Sie werden es mir nicht glauben. So ganz deutlich konnte man es auch nicht sehen bei dem Dämmerlicht.

Wir sprachen nicht miteinander. Mit meinem Aramäisch ist es nicht weit her. Ich sehe auch nicht ein, weshalb die Sieger die Sprache der Besiegten lernen sollen. Bei Pilatus ist das natürlich etwas anderes. Der muß da nachgeben. Wie so oft. Naja, er tut's auch nicht den Juden, sondern sich selbst zuliebe. Denn nur, wenn er mit denen einigermaßen auskommt, kann er die Ruhe im Land bewahren. Und nur, wenn er die Ruhe im Land bewahren kann, bleibt ihm der Kaiser wohlgesonnen. Dieses Land ist sowieso schon ein brodelnder Vulkan.

Pilatus mußte also zum Tor hinaus, weil die Herrschaften ihn zu sprechen wünschten. Aus irgendwelchen verrückten Gründen, die mit ihrer Religion zusammenhingen und mit einem bevorstehenden Fest, durften sie das Haus eines Römers nicht betreten. Der Gouverneur bemühte sich also zu ihnen.

Es gab einen ziemlichen Tumult da draußen. Wir hörten das Geschrei der Menge. Verstehen konnte ich nichts. Nach einiger Zeit kam Pilatus wieder herein. Man merkte, daß ihm die ganze Sache sichtlich unangenehm war. Am liebsten wäre er diesen Gefangenen losgewesen. Da war ihm nun auch ein Plan eingefallen. Weil der Gefangene Galiläer war, fiel er in die Zuständigkeit von Herodes.

Er gab Befehl, ihn zu Herodes zu bringen, der aus seinem Königreich von Roms Gnaden nach Jerusalem heraufgekommen war, sicher auch wegen des Festes. Man gab mir ein Schreiben mit, und ich machte mich mit meinen Männern auf.

Es war gar nicht einfach, eine Gasse durch die Volksmenge zu bahnen. Sie überschütteten uns mit Flüchen und Drohungen, die wir aber glücklicherweise nicht verstanden. Den Gefangenen hatten wir sicher zwischen uns. Keiner konnte ran.

Als wir ankamen, wurde ich gleich vorgelassen und übergab ihm das Schriftstück. Herodes hatte offenbar Spaß an der Situation. Er ließ den Gefangenen vorführen und redete auf ihn ein. Der antwortete aber kein Wort. Anscheinend hätte Herodes gern so ein religiöses Zauberkunststückchen von ihm gesehen. Aber der Galiläer würdigte ihn keines Blickes, auch als der König scharf wurde. Alle Achtung, dachte ich. Der Mann hat Würde.

Anscheinend konnte auch Herodes nicht viel mit ihm anfangen. Ich nehme an, er verstand von den religiösen Fragen der Juden kaum mehr als Pilatus. Der Mann sollte wieder zurück.

Wir nahmen ihn also und brachten ihn samt Begleitschreiben der Majestät wieder in die Burg Antonia. So einfach kriegte Pilatus das Problem also nicht vom Hals.

Draußen johlte die Menge weiter. Sie forderte ihr Opfer. Seltsam, daß sie sich dafür ausgerechnet diesen gütigen Mann ausgesucht hatten.

Vielleicht hatte Pilatus auch diese Gedankengänge. Er wollte den Gefangenen gern freigeben. Bei dem Fest, das an diesem Abend beginnen sollte, wurde auf Wunsch des Volkes immer ein Häftling amnestiert. Darauf spekulierte er wohl. Aber es klappte nicht. Wir hörten im Hof, wie sie draußen schrien: »Barabbas, Barabbas!« Das war der Terrorist aus der hinteren Zelle.

Den wollten sie also frei sehen, und den friedlichen Frommen wollten sie umgebracht haben. Das hätte ich Pilatus vorher sagen können. Die Messerhelden sind immer beliebter als die Religiösen, die den Leuten unangenehme Fragen stellen. Ich kenne das von Rom her.

Pilatus hätte das auch kennen müssen. Er hätte wissen müssen, wie das aufgebrachte Volk reagiert. Weil er es aber nicht wußte, machte er noch einen Fehler: Er rechnete mit ihrem Mitleid. Wenn er den Gefangenen geißeln ließe, daß er so richtig leidend und blutüberströmt vor ihnen stand – dachte er –, würden sie nicht mehr auf seinen Tod bestehen. Als wenn nicht unsere römischen Zirkusspiele genug bewiesen hätten, daß der Schwache nicht das Mitleid, sondern die Blutgier der Volksmassen erregt.

Aber uns sollte es egal sein. Der Galiläer wurde gegeißelt. Routinesache für meine Männer. Das Blut strömte. Er ertrug es ohne einen Laut. Ich bekam immer mehr Achtung vor dem Mann.

Meine Leute kamen so richtig in Stimmung. Sie spielten gern ein Würfelspiel. Dazu brauchte man einen, der den König spielte und der nachher ganz schön rangenommen wurde. Da paßte es gut, daß sie hier einen hatten, der sagte, er wäre ein König.

Sie machten sich einen Riesenspaß daraus, ihn als König zünftig herzurichten. Hängten ihm einen alten Soldatenmantel um, der mit der verblichenen roten Farbe an Purpur erinnerte. Dann nahmen sie Zweige von einem Dornbusch und flochten daraus einen Ring. Den setzten sie ihm wie eine Krone auf den Kopf. Sie schlugen mit dem flachen Schwert darauf, so daß die Dornen sich tief eindrückten. Dann fielen sie vor ihm nieder, als wenn sie ihm huldigen wollten. Sie spuckten ihn an und verlachten ihn.

Rohe Gesellen sind sie, meine Legionäre. Aber ich ließ sie gewähren. Was will man machen? Das gehört eben zum Vergnügen dieser Leute. Der Dienst ist sowieso hart genug. Da muß man sie ein bißchen bei Laune halten, sonst spielen sie nicht mehr mit.

Als Pilatus ihn so sah, meinte er wohl, diese mitleiderregende Gestalt müßte dem Volk draußen die Tränen in die Augen treiben. Er ließ ihn rausbringen. Aber es nützte nichts. Natürlich nicht. Wir hörten wieder nur das hysterische Geschrei: »Kreuzige! Kreuzige!«

Naja, und dann war sein Tod beschlossene Sache. Der Gouverneur konnte wohl nicht anders. Die Juden setzten ihn unter Druck.

Er redete noch mit dem Gefangenen. Ich verstand das nicht. Ich sah nur, daß Pilatus verlegener war als der Galiläer. Während mein Chef schwitzend und mit deutlichen Zeichen von Verzweiflung auf und abging, stand der Jude still und aufrecht da, gab mit sachlicher Stimme Antworten. Er war die Ruhe in Person.

Ich muß sagen, es ging mir unter die Haut. Daß sie ihn gepeitscht und verspottet hatten, ließ mich einigermaßen kalt. Aber daß dieser Mann, dem Blut und Spucke das Gesicht herunterliefen, jetzt so ruhig dastand, das hat mich doch getroffen. Es sah aus, als wäre der mit der Dornenkrone tatsächlich der König. Es klingt absurd – bei diesem Bild von Schwäche und Elend –, aber die merkwürdige Hoheit dahinter war nicht zu verkennen.

Verstehen Sie mich recht, es war nicht die Seelengröße, mit der Sokrates lächelnd seinen Giftbecher getrunken haben soll. Es war auch nicht der Zynismus, mit dem manche Großen ihren Peinigern geistig haushoch überlegen sind, auch wenn sie äußerlich die Schwächeren sind. Der Gefangene spielte nicht Katze und Maus mit dem verlegenen Pilatus. Es war etwas anderes. Es war diese – ja, ich finde kein anderes Wort – die Güte, die von ihm ausging.

So, als hätte er sich längst damit abgefunden, daß er sterben muß – und nun täten ihm die armen Menschen leid, die das Werk vollbringen mußten.

Nun ja, wir mußten es vollbringen. Das Rad war nicht mehr zurückzudrehen. Pilatus gab den Befehl, schweren Herzens. Er begann direkt auch mir leid zu tun, mehr als der seltsame König, der ans Kreuz sollte.

Es mußte schnell gehen. Das war der ausdrückliche Wunsch der hohen Herrschaften vor dem Tor. Abends um sechs fing ihr religiöses Fest an. Da mußte er tot sein. Naja, er war ja durchgepeitscht. Der Blutverlust schwächt. Da konnte es schnell gehen.

Wenn das nun schon sofort sein mußte – fragte ich –, ob wir da nicht die zwei Mörder auch gleich mitnehmen sollten. Dann wären wir sie los. Und wenn Barabbas amnestiert wurde, konnte die Wache vielleicht über die Feiertage freimachen. Außerdem mußten wir dann nicht später nochmal raus. Pilatus war einverstanden.

Kreuze waren vorbereitet. Wir holten also die zwei Mörder aus der Zelle. Jeder kriegte sein Kreuz aufgeladen, sein Schild um den Hals – und los ging's. Auf dem Schild steht immer der Schuldspruch. Es wird dann später am Kreuz angenagelt. Bei dem Galiläer stand – sogar in drei Sprachen: Jesus, der König der Juden.

Den Juden war die Ironie nicht deutlich genug. Sie wollten nachher noch die Aufschrift geändert haben. Es sollte da stehen, daß er das nur gesagt hätte. Typisch Schriftgelehrte. Aber Pilatus blieb dabei. Er hatte schon soviel nachgegeben. Jetzt wollte er sich wenigstens einmal durchsetzen. Wenn auch nur bei so einer Kleinigkeit. Das brauchte er wohl, um sich nicht vor sich selbst zu schämen.

Die Menge vor der Burg hatte sich inzwischen verlaufen. Viele waren wohl schon zu dem Schädelhügel vorausgegangen, um das Schauspiel zu genießen.

Da trauten sich nun doch einige Anhänger des Galiläers vor. Besonders Frauen waren es, die den Weg säumten. Sie schluchzten laut und liefen eine Weile neben ihm her. Aber er beruhigte sie. Jedenfalls klang es so. Als hätten nicht sie ihn zu trösten, sondern er sie.

Ja, eine unglaubliche seelische Kraft hatte er. Aber seine körperliche Kraft war am Ende. Plötzlich brach er zusammen. Ärgerlich! Alles Prügeln hätte da nichts geholfen. Das sah ich gleich. Was tun?

Natürlich hätte ich meinen Männern befehlen können, das Kreuz zu schleppen. Arbeit sind die römischen Legionäre gewöhnt. Seit Cäsar oder noch früher besteht die Hauptarbeit des Heeres nicht im Kämpfen, sondern im Aufwerfen von Wällen und Ausheben von Gräben. Und oft muß auf Kriegszügen jedermann einen Pfahl für Verschanzungen mitschleppen.

Aber so ein Kreuz ist etwas anderes. Damit verbinden sich besondere Gefühle. Jeder Legionär würde es als eine Entwürdigung ansehen, dem Verurteilten das Hinrichtungswerkzeug abzunehmen. So etwas wollte ich ihnen nicht zumuten. Ein Offizier kann natürlich befehlen. Aber er muß wissen, wie weit er gehen darf, wenn er Wert auf die Moral seiner Truppe legt.

Da stand ein Bauer an der Straße, der wohl gerade vom Feld kam. Ein Wink an meine Männer – sie schnappten sich den und luden ihm das Kreuz auf. Er wollte natürlich nicht. Aber wer will schon, was wir Römer sagen – und tun müssen sie es doch!

Endlich kamen wir an der Hinrichtungsstätte an. Die Gefangenen wurden auf die Balken gelegt und angenagelt. Löcher wurden ausgehoben und die Kreuze hineingestellt und aufgerichtet. Routinesache.

Für die Gekreuzigten natürlich eine entsetzliche Qual. Nicht nur wegen der Schmerzen, sondern auch, weil es nun kein Zurück mehr gibt und der schreckliche Tod unumgänglich ist. Wer so etwas einige Male mitgemacht hat, lernt die Menschen kennen. Ich sage immer: Was einer im Angesicht des Todes ist, das ist er wirklich. Da kann man so seine Studien machen. Bei dem hier – ich spreche natürlich von dem Galiläer, mit den zwei anderen war es nichts Besonderes – bei dem passierte etwas, was ich noch nie erlebt habe. Beten tun viele. Aber er betete für uns. Nur einen Satz zwar, aber laut. Ich habe es mir dann übersetzen lassen. Sein Gott, den er Vater nannte, sollte uns verzeihen. Wir wüßten ja nicht, was wir täten. Merkwürdig, nicht wahr?

Wieder diese Güte, die mir schon aufgefallen war. Und kein bißchen Haß. Ein ganz ungewöhnlicher Mensch!

Nun begann das lange Warten. Meist dauert es lange, bis die armen Kerle endlich tot sind. Aber nachhelfen dürfen wir nicht. Höchstens ganz zum Schluß mit dem Speer in die Seite. Da heißt es also warten.

Es war ein heißer Tag. Die Männer vertrieben sich die Zeit damit, sich um die Kleider der drei zu streiten. Die standen ihnen als Beute zu. Der Galiläer hatte ein kostbares Obergewand, das aus einem Stück gefertigt war. Das wollten sie nicht zerreißen. Darum würfelten sie, wer es ganz kriegen sollte.

Jemand von meinen Leuten reichte den dreien einen Schwamm auf einer Stange hinauf, der mit Essig und Galle getränkt war. Scheußliches Zeug, aber es betäubt ein bißchen. Sie hatten's mitgebracht. Es steht jedem zu, der hingerichtet wird. Aber Jesus – ich wußte jetzt, wie er hieß, weil es auf dem Schild stand – Jesus wollte es nicht haben. Schon wieder reagierte er ganz anders als erwartet. Später aber hat er reinen Essig genommen. Der betäubt nicht, sondern löscht nur den Durst und stärkt etwas. Als wollte er alles ganz bewußt bis zum bitteren Ende miterleben. Ich wunderte mich immer mehr über diesen Mann.

Das alles brachte mich dazu, den Mund zu halten, als alle anderen über den Galiläer spotteten. Meine Leute hatten nichts Besseres zu tun und stimmten in das allgemeine Gespött mit ein. Viele von den hohen Herrschaften standen da herum. Sie begafften den in der Mitte und machten sich auf so schadenfrohe und primitive Weise über ihn lustig, daß es mir gar nicht zu ihrer sonstigen Vornehmheit zu passen schien.

Auch die beiden Mörder spotteten, anfangs wenigstens. Nachher schien einer noch nachdenklich geworden zu sein. Jesus redete auch freundlich mit ihm. Überhaupt war kein Wort des Hasses oder der Bitterkeit zu hören. Bitterkeit hätte ich zumindest erwartet. Denn die meisten seiner Anhänger hatten ihn im Stich gelassen. Nur ein junger Mann stand in der Nähe und ein paar Frauen.

Ich hatte bald Grund, mich noch mehr über diesen Jesus zu wundern.

Es war gegen Mittag. Auf einmal wurde es auffallend dämmrig. Obwohl die Sonne am höchsten Punkt stand, verdunkelte sie sich zusehends. Es war ganz unheimlich. Soldaten wie wir sind ja einiges gewöhnt. Aber das hier ging uns an die Nieren.

Ich hatte das sichere Gefühl, die unheimliche Naturerscheinung mußte mit dem Galiläer zusammenhängen. Tatsächlich. Als er nachher gestorben war, hörte die Finsternis wieder auf. Auf ihrem Höhepunkt aber, in den Minuten seines Todes, erschütterte ein Erdbeben die ganze Stadt. Das kann einfach kein Zufall gewesen sein!

Wissen Sie, es braucht einiges, bis einem römischen Hauptmann ein Schauer über den Rücken läuft. Man hat uns anerzogen, daß wir die Herren der Welt sind und niemand zu fürchten brauchen. Aber wenn es sich um Dinge handelt, die nicht mit dem Schwert zu erledigen sind... Und hier ging es offensichtlich um Vorgänge in der unsichtbaren Welt.

Ich verstehe nicht viel von religiösen Fragen, habe mich nie darum gekümmert. Im griechischen und römischen Glauben gibt es Götter, die menschliche Söhne haben. Hier bei den Juden sagen sie etwas ganz anderes. Da gibt es nur einen Gott. Er trägt auch nicht so menschliche Züge mit allen menschlichen Schwächen wie bei Römern und Griechen. Aber das eine sage ich ihnen – da bin ich ganz sicher: Wenn dieser Gott einen Sohn auf der Erde hatte, dann war es dieser Jesus.

Die Anhängerin aus dem Dorf Magdala

Vieles könnte ich von Jesus erzählen. Oft habe ich ihn mit den anderen Frauen zusammen begleitet und ihm gedient. Mit Maria, seiner Mutter und mit Maria, der Frau von Kleophas, der Mutter von Jakobus, dem Kleinen, dem Jünger. Wir waren lauter Marias, die sich da zusammengefunden hatten. Deshalb gab man mir – zur besseren Unterscheidung – den Beinamen »Magdalena«, die Maria aus Magdala.

Ja, von Magdala, dem Dorf am See Genezareth, kam ich her. Hier verbrachte ich die entsetzlichen Jahre in der Finsternis. Menschen, die davon nichts wissen, lachen manchmal darüber, wenn ich sage, daß sieben Dämonen von mir Besitz ergriffen hatten. Das ist das geschickteste Werk des Teufels, daß er sich selbst vor den Menschen lächerlich macht. Um so eher fallen sie ihm zum Opfer.

Zum Lachen ist das überhaupt nicht. Verzweifeln kann man da nur. Man möchte nur immer weinen und findet doch keine Tränen. Die Macht der Finsternis ist so total, daß es keinen Ausweg gibt.

Keinen, wenn es nicht Jesus gäbe! Was war das für ein unbeschreiblicher Augenblick, als ich merkte, daß die bösen Geister gewichen waren. Ein Machtwort Jesu vertrieb sie in einem Augenblick und für immer.

Daß ich nun Jesus dienen wollte, daß ich immer möglichst nahe bei ihm sein und viele seiner heilsamen Worte hören wollte – wer will sich darüber wundern? Nach all den Jahren der Finsternis spürte ich vielleicht deutlicher als andere das Licht, das von ihm ausging. Da war nur Liebe in ihm, nur Gerechtigkeit, nur Wahrheit. Wie wohl tat mir das! Gern gab ich von meinem Vermögen, um Jesus und seine Jünger äußerlich zu versorgen. Auch suchte ich mit den anderen Frauen immer wieder Gelegenheit, ihm zu begegnen und ihm zuzuhören.

Von all dem, was ich dabei erlebte, will ich aber nicht erzählen. Da gibt es andere, die das genauer und besser können.

Aber es gibt etwas, wovon niemand so genau berichten kann wie ich. Das ist die Auferstehung nach seinem schmachvollen und qualvollen Tod. Denn ich habe ihn als erste gesehen, nachdem Gott ihn wieder lebendig gemacht hatte.

Klingt es stolz, wenn ich das so sage? Es soll nicht stolz klingen. Ich habe gar keine Veranlassung, mir darauf etwas einzubilden. Schließlich habe ich ja nichts dazu beigetragen. Im Gegenteil, ich bin sicher der unwürdigste Mensch unter allen, die sich zu ihm hielten. Ich war keiner der vertrauten zwölf Jünger. Ja, noch nicht einmal ein Mann. Sie wissen sicher, daß bei uns die Frauen nicht viel galten. Dazu eine Frau, die von bösen Mächten beherrscht gewesen war! Wo ist da etwas Verdienstvolles? Was hätte ihn veranlassen können, ausgerechnet mich auszuwählen? Aber vielleicht war es gerade diese Unwürdigkeit, die mich in seinen Augen würdig machte.

Allerdings muß ich sagen, daß – abgesehen von Johannes – die Jünger alle fortgelaufen waren. Nur wir Frauen standen mit dem Jünger, der Jesus besonders nahe gewesen war, unter dem Kreuz.

Sie können sich nicht vorstellen, was in mir vorging, als sie ihn auf das Balkenkreuz legten und die Nägel mit rohen Schlägen durch seine Hände und Füße trieben; als sie das Gerüst aufrichteten und einrammten; als er da oben hing in der glühenden Sonne. Die hoch ausgebreiteten Arme, an denen die Last des Körpers hing, schnürten ihm fast den Atem ab. Mir war, als hinge ich da. Schlimmer noch: Lieber hätte ich das alles auf mich genommen, weil ich es verdient gehabt hätte. Aber – was ich erst im nachhinein verstand – der Unschuldige mußte leiden, um uns zu erlösen. Für mich hing er da, für uns alle.

Es war also Gottes Plan, was hier Furchtbares geschah. Und doch war dies die Stunde der Finsternis. Sie nutzte diese Stunde weidlich aus, um dem Gottessohn jede erdenkliche Qual zuzufügen.

Die Hände, die nur Gutes getan, geheilt und gesegnet hatten, verzerrten sich da oben, durchnagelt und blutend. Bald sah man davon allerdings nichts mehr, weil das Blut nicht mehr den Weg in die ausgereckten Arme fand.

Die Ohren, die den leisesten Seufzer der Not gehört hatten, mußten nun das zutiefst gehässige Gespött der angeblich Frommen anhören. Die Zunge, die nur die Wahrheit gelehrt hatte, die Wahrheit, daß er Lebenswasser gab, stieß den röchelnden Schrei aus: »Mich dürstet!« Sein Herz, das für die Not aller Menschen offen war und allen Heimat bot, fühlte sich auf einmal leer und ausgestoßen und konnte nur in dem verzweifelten Gebet Zuflucht suchen: »Mein Gott, mein Gott, warum hast du mich verlassen?«

Am liebsten hätte ich mir Augen und Ohren zugehalten und wäre davongerannt. Aber nein, ich konnte nicht. Ich wollte nicht! Hier war mein Platz, wo der seine bitterste Stunde durchstehen mußte, dem ich alles, alles verdanke.

Und während ich ihn in dieser entsetzlichen Qual sah, die ja noch zugespitzt wurde durch die himmelschreiende Ungerechtigkeit, die hier mit dem Sündlosen geschah – während sich all diese schrecklichen Bilder unauslöschlich in mein Gedächtnis einprägten, war mir, als hörte ich die Geister aus der Tiefe ihr höllisches Gelächter ausstoßen. Oder waren es nur die Soldaten, die um sein Gewand würfelten?

Ich wußte es nicht. Mir schwanden fast die Sinne. Als das schreckliche Geschehen seinem Höhepunkt zustrebte, wußte ich nicht zu sagen, ob sich wirklich der Himmel verdunkelte, oder ob es nur mir schwarz vor den Augen wurde. Ob wirklich die Erde bebte, oder ob nur ich schwankte, vom Schwindel gepackt.

Jesus war tot. Sein Leiden war zu Ende. Unseres nicht. Wie im Traum taten wir das Nötige. Hatten wir in seinem Leben für ihn gesorgt, war es selbstverständlich, daß wir auch sein Begräbnis besorgten.

Ein reicher Ratsherr, Joseph von Arimathia, stellte ein Felsengrab zur Verfügung. In solchen Gräbern läßt man die Toten einige Zeit liegen. Nachher werden sie beerdigt. Das Grab Josephs war neu. Noch niemand hatte darin gelegen. Es lag ganz in der Nähe der Kreuzigungsstelle.

Die Frage, warum Gott nicht das Schreckliche verhütet hatte, trieb uns um. In unserem Unverständnis gegenüber Gottes Plan zweifelten wir an seiner Macht. Da war es ein Lichtblick, als Joseph kam. Nicht nur, daß er das Grab zur Verfügung stellte, zeigte uns, daß Gott doch noch wirkte. Auch daß Joseph bei Pilatus die Erlaubnis erwirken konnte, den Leichnam abzunehmen und würdig zu bestatten. Wir Frauen hätten da gar nichts ausrichten können. Ob Gott sich vielleicht doch noch nicht alles aus der Hand hatte nehmen lassen? Ob der Triumph der Hölle doch nicht so vollständig war, wie es mir schien?

Aber was besagte das schon? Jesus war tot! Es war aus! Sein Versuch, die Menschen in Liebe zu Gott zurückzuführen, war gescheitert. Wohl hatte er vielen geholfen, wie mir. Aber die Frömmsten im Volk – oder die, die sich dafür hielten – wollten ihn nicht. Also mußte er sterben. Da half alles Deuteln nichts: Die angeblich frommen Gottesfeinde triumphierten, der Tod triumphierte, die Hölle triumphierte. Jesus war tot.

Wegen des anbrechenden Passahfestes war Eile geboten. Wir nahmen den Leichnam ab und bereiteten ihn nur notdürftig vor. Er wurde in ein großes Tuch eingeschlagen, das wir mit Leinenstreifen umwickelten und in Josephs Grab legten. Der schwere Rollstein wurde davorgewälzt.

Der Hohe Rat verfolgte argwöhnisch, was wir taten. Es war ihnen nicht einerlei, daß Joseph und Nikodemus bei der Bestattung halfen. Das störte den Eindruck der heiligen Einigkeit, den sie gern vor dem Volk zeigen wollten. Sie versiegelten dann sogar den Rollstein und stellten eine Wache vor das Grab. Pilatus hatte ihnen ein paar Legionäre gegeben. Den Antrag hatten sie auf geradezu absurde Weise begründet: Damit wir, seine Nachfolger, nicht den Leichnam stehlen und dann behaupten könnten, er sei auferstanden.

Als wenn irgend jemand an so etwas gedacht hätte! Die Idee kam uns gar nicht, geschweige denn, daß wir die Energie dazu aufgebracht hätten. Da war nur Resignation, Trauer, Verzweiflung.

Wir verkrochen uns am Sabbat vor dem Festtrubel auf Jerusalems Straßen. Wir schlossen Türen und Fenster. Wir wollten niemanden sehen!

Das einzige, was wir taten, war, daß wir Salben und Öl vorbereiteten, um den Leichnam am Tag nach dem Sabbat zu behandeln, wie es Brauch ist.

Am ersten Tag der Woche trafen wir uns, wie verabredet, sehr früh, um zum Grab zu gehen. Salome war dabei und Maria, die Mutter von Jakobus. Nur Frauen also. Wir überlegten auf dem Weg, wer uns wohl das Grab öffnen würde. Für den Rollstein brauchte man viel Kraft. Und ob uns die Soldaten helfen würden, war zweifelhaft.

Es war noch dunkel, als wir ankamen. Von der Wache war niemand zu sehen. Seltsam! Aber noch überraschter waren wir, als wir merkten, daß der Stein weggerollt war.

Was war hier geschehen? Hatte der Hohe Rat die Wache nicht extra aufgestellt, um einen Leichendiebstahl zu verhindern? Nun aber war niemand da – und das Grab offen! Waren die Leute vom Hohen Rat selbst hier gewesen? Oder hatten die Soldaten geschlafen? Aber wer könnte ein Interesse haben, den Leichnam zu stehlen? Irgend etwas Dramatisches war hier geschehen. Doch was?

Wir trauten uns nicht näher, sondern liefen völlig verwirrt in die Stadt zurück. Das mußten die Jünger erfahren, daß man den Leichnam ihres Meisters gestohlen hatte! Petrus und Johannes zuerst.

Ich wußte, wo die beiden wohnten, rannte hin und

erzählte ihnen hastig, was wir beobachtet hatten. Sofort liefen sie, um sich das alles anzusehen. Johannes, der Flinkere, vorneweg.

Ich konnte ihnen nicht so schnell folgen, ging aber hinter ihnen her. Das war kein bewußter Entschluß. Es zog mich einfach zu diesem traurigen Ort, wo ich die letzte Erinnerung an den geliebten Meister erhofft hatte und – nach all den Enttäuschungen der letzten Tage – auch darin nun noch enttäuscht worden war.

Meine Schritte wurden immer schwerer, je näher ich dem Garten kam, in dem das Felsengrab lag. Die Sonne ging auf, die Vögel begannen ihr Lied zu singen. Aber das alles nahm ich gar nicht richtig wahr.

Und als ich es merkte, erschien es mir wie ein Hohn. Jesus war tot! Der geliebte Herr, der von Gott Gesandte, der Helfer und Heiland für alle, die ihm vertrauten. Er, der auch mich aus der Finsternis ins göttliche Licht geführt hatte. Sie hatten ihn kaltherzig umgebracht, auf grausame Weise. Und nun hatte ich noch nicht einmal das Grab mit dem Toten, um dort zu weinen. Alles war mir genommen, was mein neues Leben ausmachte.

Schweres Dunkel legte sich auf meine Seele. Daß die Vögel noch etwas zu singen hatten! Daß die Sonne noch scheinen konnte! Hatte sie sich bei seinem Tod vorgestern nicht auch verdunkelt? Müßte sie jetzt nicht erst recht ihren Schein verlieren, wo alles in mir und in der ganzen bösen Welt so dunkel war?

Durch den Tränenschleier sah ich, daß Petrus und Johannes schon wieder fortgelaufen waren. Kein Mensch war zu sehen. Das war mir recht. In meinem Schmerz hätte ich mit niemandem reden wollen.

Dunkel blickte mich die schwarze Graböffnung an. Sie zog mich an, die Steinbank zu betrachten, auf der er gelegen hatte. Ich überwand Trauer und Scheu und bückte mich hinein.

Vor Schreck wäre ich fast rückwärts wieder hinausgefallen. Da saßen zwei Männer. Es waren aber nicht Johannes und Petrus. Sie sahen ganz anders aus. Es müssen Engel gewesen sein. Sie trugen strahlend weiße Kleider. Mehr kann ich von ihnen nicht sagen. Ich konnte sie nicht genauer erkennen, hatte auch in meiner augenblicklichen Gemütsverfassung kein bißchen Neugier. Ja, es kam mir in meiner Trauer gar nicht richtig zu Bewußtsein, daß hier überirdische Boten vor mir saßen. Meine Gedanken drehten sich immer nur um Jesus.

Die beiden Gestalten saßen am Kopf- und Fußende der Steinbank. Dazwischen lagen die Leinenstreifen, mit denen der Leichnam umwickelt gewesen war. Zunächst entdeckte ich nicht das Merkwürdige an diesem Umstand. Erst später, als mir die Szene immer und immer wieder durch das Gedächtnis ging und als ich mit Petrus und Johannes darüber sprach, dachte ich ausführlicher nach. Wie konnte Jesus da herauskommen, ohne daß die Binden abgewickelt wurden? Sie lagen aber genauso da, als würden sie noch das Leichentuch umschließen. Nur etwas zusammengefallen. Petrus hatte abseits davon das Leichentuch zusammengelegt gefunden und mitgenommen.

Aber wie gesagt, das alles erfuhr und durchdachte ich erst später. Jetzt stand ich nur ahnungslos und zu weitergehendem Denken unfähig in gebückter Haltung in der Grabhöhle. Wie vor den Kopf geschlagen war ich durch die Folge überraschender und unerklärlicher Ereignisse und starrte aus meinen nassen Augen auf den Platz, wo der Leichnam meines geliebten Meisters gelegen hatte.

Da sprachen mich die zwei Männer an: »Warum weinst du?« Mechanisch und mit tonloser Stimme antwortete ich: »Sie haben meinen Herrn weggenommen, und ich weiß nicht, wo sie ihn hingelegt haben.«

Mein Blick ging durch die Graböffnung nach draußen. Da stand jemand. Der Mann fragte mich auch, wie die beiden hier auf der Steinbank, warum ich weine und wen ich suche.

Ich meinte, es sei der Gärtner, der diese Anlagen pflegt. Wer sollte es sonst sein? Von den Jüngern war es niemand. Und die Wache hätte ich sofort an der Rüstung erkannt. Ich fragte ihn, ohne mich in der engen Höhle richtig umzudrehen, nur den Kopf ihm zugewandt: »Herr, hast du ihn weggetragen? Sage mir, wo du ihn hingelegt hast? Dann will ich ihn holen.«

»Maria!« sprach er mich an. Und in diesem Moment war die Welt für mich verwandelt.

»Maria!« Das war die Stimme Jesu! Ganz unzweifelhaft! Und nicht nur die Stimme, auch die Art zu reden. Wie Schuppen fiel es mir von den Augen: Jesus stand vor mir! Warum hatte ich es nicht früher erkannt? Warum hatte ich alles das nicht beachtet, was er über seine Auferstehung gesagt hatte? Warum hatte ich nicht mit Gottes Macht gerechnet? Warum hatte ich glauben können, der, dem die Dämonen weichen mußten, würde vor dem Tod kapitulieren? Warum?

Ich hatte, statt ihm zu vertrauen, resigniert – als wenn ich nicht immer und immer wieder erfahren hätte, daß er mein volles Vertrauen verdient! Wie konnte ich nur so verzweifeln, so in Traurigkeit stürzen? Wie kann überhaupt jemand sich der Hoffnungslosigkeit hingeben, der es mit Jesus zu tun hat?

Alles das und noch viel mehr schoß mir in diesem Augenblick durch den Kopf. Ordnen konnte ich meine Gedanken nicht. Aber ich wußte: Jetzt ist alles anders. Wirklich alles! Denn Jesus lebt!

Ich konnte nicht ausdrücken, was mich bewegte. Ich konnte nur stammeln: »Meister!« Und alles lag in diesem Wort: Staunen, Anbetung, Liebe – und ganz einfach der Gruß an ihn, der nun wieder da war wie vorher.

Wie vorher? Nein, anders. Er stand in einer neuen Leiblichkeit vor mir. Und als ich vor ihm niederfiel und seinen Füßen nahe kam, sagte er: »Berühre mich nicht. Ich bin noch nicht aufgefahren zu meinem Vater.«

Ja, ganz anders war er. Aber das war gut so. Wer durch den Tod ging, wer zum Vater in den Himmel auffahren wird, kann nicht mehr derselbe sein wie in diesem Leben. Ich begriff sehr wohl, daß er mich nicht von sich stieß. Im Gegenteil, jetzt sollte ich ihm besonders nahe sein. Oder besser gesagt, er mir. Unsichtbar zwar, aber unbegrenzt von Ort und Zeit. Er hatte die Sünde besiegt. Er hatte über den Satan triumphiert. Er hatte den Tod überwunden. Sollte es da noch irgendeine Unmöglichkeit für ihn geben? Nein, das konnte nicht sein!

»Geh zu meinen Brüdern«, sagte Jesus, »und sage ihnen, ich fahre auf zu meinem Vater und zu eurem Vater, zu meinem Gott und zu eurem Gott.«

Dann war er weg. Weg? Nein, er würde nie mehr

weg sein. Überall würde er uns zur Seite stehen, würde unser Gebet hören, würde uns antworten.

Aber ich rannte weg. Weg von diesem Ort der Trauer, der zu einem Ort des Sieges geworden war. Ich lief, so schnell ich konnte, zu den anderen, den elf Jüngern, den anderen Freunden Jesu und den Frauen. Und überall erzählte ich, daß ich ihn gesehen hatte. Nicht als Leichnam, sondern lebendig, als Sieger über die Hölle und das Totenreich. Daß ich hingegangen war, um seinen Tod mit Salben endgültig zu machen. Und daß ich erlebt hatte, daß er das Leben endgültig gemacht hatte.

Der nächtliche Wanderer und sein Freund

Gesehen habe ich ihn oft. Er lehrte im Tempel, und jeder, der wollte, konnte ihm zuhören. Ich hörte ihm zu! Spürte ich doch, daß Kraft von Gott in seinen Worten lag. Sah ich doch, daß er wunderbare Dinge tat, die ihn als den auswiesen, der von Gott gesandt worden war.

Wie gesagt, gesehen habe ich ihn oft, so daß ich ihn genau hätte beschreiben können. Als es dann aber darauf ankam, habe ich ihn zunächst gar nicht erkannt.

Dieses Erlebnis möchte ich erzählen. Von den anderen Begegnungen will ich nicht weiter berichten. Dafür gibt es viele Zeugen. Aber diese letzte geheimnisvolle Begegnung fand nur zwischen ihm und uns statt. Uns – damit meine ich meinen Freund Kleophas und mich. Davon muß ich erzählen.

Sie können sich kaum vorstellen, wie tief an jenem Sabbatfest unsere Traurigkeit war. Voller Erwartung waren wir gewesen. Nicht, weil es etwas zu feiern gab. Das kam jedes Jahr wieder und hätte uns kaum beschäftigt. Nein. Wir erwarteten etwas ganz Großes von Jesus.

Alles hatte auf diese Tage hingezielt. Jesus war in aller Munde. Überall in Jerusalem wurde davon gesprochen, ob er wohl auf das Fest käme oder nicht. Alle empfanden, daß er nun genug geredet hatte, daß er nun handeln müßte. Das Reich Gottes sei nahe, hatte er immer wieder gepredigt. Wie nahe? Mußten wir nicht annehmen, daß es jetzt bald anbrechen würde?

Wenn das Reich Gottes kam, war klar, daß zunächst die Römer fort mußten. Wie konnte Gott sein Volk zu besonderer Größe führen, wenn die Heiden noch unser Land besetzt hielten? Gar keine Frage, der Messias mußte die Herrschaft des fernen Kaisers und der überall gegenwärtigen römischen Legionäre beenden.

Und Jesus war dieser Messias. Darüber gab es gar keinen Zweifel. Zweifel konnte es höchstens darüber geben, ob der große Aufbruch jetzt geschehen würde. Aber sehr wahrscheinlich war das. Schließlich war so ein großes Fest in der Hauptstadt der geeignete Anlaß, sich zum König zu ernennen und den Aufstand auszurufen.

Als dann berichtet wurde, er habe auf dem Weg nach Jerusalem gar einen Toten auferweckt – Lazarus aus dem Dorf Bethanien am Ölberg –, kannte die Begeisterung und die Erwartung kaum noch Grenzen. Mit Jubelrufen wurde er empfangen, als er auf einem Esel geritten kam. Kleider und Zweige wurden auf dem Weg ausgebreitet. Alles strebte offensichtlich einem Höhepunkt zu. Und der konnte nur seine Machtergreifung sein.

Erste Enttäuschung regte sich bei vielen, als Jesus bei seinen Auftritten im Tempel nicht in diese Kerbe schlug. Er sprach von geistlichen und alltäglichen Dingen. So bereitet man doch keinen Umsturz vor!

Immer mehr Leute wandten sich von ihm ab. Wir aber, seine Freunde, blieben ihm treu. Wir hatten großes Vertrauen zu ihm. Und als dann der Haß gegen Jesus sich so weit steigerte, daß der Hohe Rat ihn verurteilte, den Römern übergab und seinen Tod forderte, als die Volksmenge »Kreuzige!« schrie, da wurde unser Vertrauen zu ihm eher noch fester. Niemals würde Gott zulassen, daß sein Gesandter ans Fluchholz kam!

Und dann das Ende, dieses grausame, völlig unverständliche Ende! Jesus wurde ans Kreuz geschlagen wie ein Verbrecher, wie ein gescheiterter Revolutionär.

Ja, gescheitert war er! Es hatte keinen Sinn, sich etwas vorzumachen. Alle Hoffnung sackte zusammen. Es war aus. Jesus war tot. Unwiderruflich.

Es war mir, als wankte der Boden unter meinen Füßen, der mir so sicher erschienen war; als stürzte alles zusammen; als ginge am hellen Mittag die Sonne unter. Alles, was das Ziel meines Lebens gewesen war, hatte sich als nichtig erwiesen. Ich war einem Irrtum zum Opfer gefallen. Ich hatte umsonst geglaubt.

Es war am Tag nach dem Passahfest. Die Pilger und auswärtigen Gäste zogen wieder ab. Noch war viel los in Jerusalem. Aber allmählich begann sich das Leben wieder zu normalisieren.

Nur unter den Freunden Jesu fand man nicht zur Normalität zurück. Hier und da hockten sie in kleinen Gruppen in den Häusern zusammen, brüteten traurig vor sich hin oder machten ihrer Enttäuschung in heftigem Schimpfen auf den Hohen Rat Luft. Verständlich, daß in dieser Atmosphäre auch die unmöglichsten Gerüchte entstehen und wuchern konnten. So behauptete zum Beispiel jemand, Petrus wäre mit Johannes morgens am Grab gewesen und hätte den Leichnam nicht gefunden, der doch durch eine römische Wache beschützt war. Er sollte wieder lebendig geworden sein, hätte Petrus daraus geschlossen.

Natürlich wiesen Kleophas und ich solche unsinnigen Gerüchte weit von uns. Es galt jetzt, ganz nüchtern zu sein. Wir hatten uns lange genug – viel zu lange – an religiöse Erwartungen geklammert, die sich nun als falsch erwiesen hatten. Es ist sicher verständlich, wenn die Enttäuschten nun sozusagen die Flucht nach vorn antraten und, statt ihren Irrtum anzuerkennen, ihren Glauben noch übersteigerten bis in den Bereich des Absurden, um nicht innerlich völlig zu zerbrechen. Aber da konnten und wollten wir nicht folgen. Wer einen falschen Weg nicht eingesteht, kann den richtigen nicht finden.

Am späten Nachmittag machten Kleophas und ich uns auf, um wieder nach Hause zu gehen. Wir wohnten in dem kleinen Dorf Emmaus, eine und eine halbe Stunde zu Fuß in westlicher Richtung von Jerusalem. Es hielt uns ja jetzt nichts mehr in der Hauptstadt.

Während wir so die ziemlich einsamen Wege entlanggingen, unterhielten wir uns natürlich über alles das, was unsere Gedanken so intensiv beschäftigte. Für uns gab es kein anderes Thema. Müde von den schlaflosen Nächten und von der Trauer trotteten wir vor uns hin und sammelten in Gedanken und Worten die Trümmer unseres zerstörten Glaubens auf.

Nein, an Jesus und seiner göttlichen Sendung zweifelten wir nicht. Zu offensichtlich – auch und gerade für den nüchternen Verstand – waren seine Wundertaten. Auch unsere Liebe zu ihm war nicht zerbrochen. Im Gegenteil, sie schien durch das Schwere, das über ihn gekommen war, noch fester geworden zu sein.

Aber gerade weil es für uns außer Zweifel stand, daß Jesus von Gott gesandt worden war, war die Enttäuschung so groß. Hatte Gott denn nicht die Macht, sein Reich aufzurichten? Nur weil der Hohe Rat das nicht wollte? Hatte er nicht die Macht, das tragische Ende seines Gesalbten zu verhindern?

Wir merkten es kaum, als ein Wanderer zu uns stieß,

weil wir so in unsere Gedanken vertieft waren. Erst nachdem er uns eine Weile begleitet hatte, mischte er sich ins Gespräch ein. Wovon wir denn eigentlich redeten, wollte er wissen, und warum wir so traurig seien.

»Kommst du nicht aus Jerusalem?« fragte Kleophas. »Hast du nicht mitbekommen, was da in diesen Tagen passiert ist? Da bist du der einzige!«

»Was denn?« fragte der Fremde nur.

»Das von Jesus aus Nazareth. Ein Prophet war er. Ein Prophet, wie lange keiner aufgetreten ist! Machtvoll waren seine Worte. Sie rissen alle Zuhörer mit. Und seine Taten erst! Gott war mit ihm...«

Wir gerieten wieder richtig in Begeisterung, als wir ihm all das erzählten, was wir miterlebt oder zumindest gehört hatten. All die göttliche Herrlichkeit in der Gestalt eines Menschen stand wieder vor unserem geistigen Auge auf. All die Erweise seiner unbegrenzten Macht und seiner unbegreiflichen Liebe rollten in unserem Gedächtnis ab und malten uns noch einmal das Bild unseres geliebten Meisters.

Ohne uns zu unterbrechen, hörte uns der Fremde zu.

Da er offenbar wirklich nichts wußte, erzählten wir weiter: Wie er vom Hohen Rat verurteilt und den Römern übergeben worden war, was das für eine Enttäuschung für uns bedeutete, und wie uns die Gerüchte über seine angebliche Auferstehung nun noch zusätzlich verwirrt hatten. Alles redeten wir uns vom Herzen, eigentlich froh, unsere trüben Gedanken in Worte fassen und jemandem klagen zu können, der ganz Ohr war.

Dann ergriff er das Wort.

Zuerst waren wir schockiert; denn er nannte uns Dummköpfe. Ja, weil wir bis dahin nicht begriffen hatten, was die Schrift über den Gesalbten Gottes prophetisch sagt. Da hatte er vollkommen recht, das merkten wir bald. Als hätten wir ein Brett vor dem Kopf gehabt, hatten wir all die entscheidenden Schriftworte über den Messias nicht verstanden. Vielleicht, weil wir nur etwas Bestimmtes verstehen wollten.

Der Christus sollte nicht nur Zeichen seiner Herrlichkeit an sich tragen, erklärte uns der Fremde, sondern auch Zeichen seiner Niedrigkeit! Verachtet und verleumdet sollte er werden, verspottet und gequält, verkannt und getötet. Die Schrift war voll davon! Besonders Jesaja und die Psalmen, aber auch viele andere Bücher, das Gesetz und die Propheten, wiesen darauf hin.

Wir hatten das einfach nicht gesehen! Wenn am Sabbat in der Synagoge aus den alten Schriften vorgelesen wurde, hatten wir immer nur das herausgehört, was unseren Traum von der Größe Israels nährte und was den Gesalbten als Herrn und König schilderte. Wir hatten nicht auf die Schrift gehört, sondern unsere Wünsche da hineingetragen!

Aber jetzt öffnete uns dieser Fremde die Augen. Mehr noch, nicht nur die Augen gingen uns auf, auch das Herz. Denn was wir nun über Gottes wunderbaren Plan erkannten, war ja viel größer, als was wir uns erträumt hatten! Der Gottesknecht mußte nicht leiden, weil Gott zu schwach war, das zu verhindern, sondern weil er es so wollte. Damit trug er den göttlichen Zorn, der eigentlich uns hätte treffen müssen! Das Geheimnis seines Leidens öffnete sich plötzlich vor unseren

Augen und zeigte uns die ganze überwältigende Fülle von Gottes Liebe.

Jesus war dieser Messias! Jetzt wußten wir es ganz sicher. Das tragische Ende am Freitagnachmittag war zwar immer noch tragisch, aber es war nicht mehr sinnlos. Es hatte eine tiefe, von Gott gewollte Bedeutung. Es war die Grundlage für unsere Erlösung! Und wir waren Zeugen dieses größten Ereignisses der Menschheitsgeschichte gewesen und hatten es nicht begriffen!

Wie im Flug verging die Zeit, und wir standen vor unserem Haus. Schade! Der Fremde wollte weitergehen.

»Bleibe bei uns«, luden wir ihn ein. Nicht nur, weil es Abend geworden war und wir es ihm schuldig waren, nachdem er uns so beschenkt hatte. Wir erhofften uns noch ein langes segensreiches Gespräch. »Der Tag ist zu Ende gegangen. Sei unser Gast!« drängten wir ihn.

Zu unserer großen Freude ging er mit hinein. Wir setzten uns gemeinsam zu Tisch, um uns mit einem einfachen Mahl zu stärken.

Noch ehe wir beginnen konnten, tat er, was sonst nicht die Aufgabe des Gastes, sondern des Hausherrn war: Er griff nach dem flachen Brot, um es auszuteilen. Er brach es, dann dankte er Gott dafür...

Wie er das machte!

So hatte Jesus es immer getan! Jesus?

Ja, Jesus! Das war er! Vor uns saß er! Lebendig an unserem Tisch!

»Herr, du...«

Er war verschwunden!

Gerade hatten wir ihn erkannt, schon war er weg. Einfach nicht mehr da.

Aber was machte das schon? Jesus war lebendig. In einer anderen Leiblichkeit zwar. Wir haben weder seine Gestalt und sein Gesicht noch seine Stimme erkannt. Und er konnte einfach dasein und wieder fort sein – von einem Augenblick zum anderen. So kannten wir ihn noch nicht.

Aber er war es wirklich! Ganz ohne Zweifel, er war auferstanden vom Tod. Es war kein leeres Gerücht, was von Petrus erzählt worden war. Jesus lebte!

Jetzt wußten wir, warum uns seine Worte unterwegs so beeindruckt hatten. Warum unser Herz genauso gebrannt hatte wie früher, wenn er lehrte, nur noch stärker. Er selbst hatte uns das Geheimnis seines Leidens und Sterbens aufgeschlossen! Aus seinem eigenen Mund hatten wir gehört, was sein Leben und sein Tod für die ganze Welt bedeuteten! Und für uns!

Und nun hatten wir mit eigenen Augen gesehen, daß er lebte. Etwas Gewaltiges war geschehen. Gott hatte gesiegt über Sünde und Tod. Der Machtbereich der Finsternis war aus den Angeln gehoben. Die Welt war verändert. Einer verlorenen Menschheit war das Licht der Hoffnung, des Lebens aufgegangen. Und wir waren dafür Zeugen!

Alles dreht sich in unseren Gedanken. Bilder aus dem gemeinsamen Leben, Gedanken über die Auswirkungen alles dessen, Schriftworte. Nur eins war klar, daß wir Zeit brauchen würden, um das alles zu ordnen und in seiner ganzen Tiefe zu erfassen.

Und noch eins war klar: Die anderen mußten es wissen! Petrus und Johannes und Jakobus und alle, alle! Sie durften nicht länger traurig sein. Freude mußte einkehren bei allen, die Jesus liebten!

Ohne unsere Mahlzeit zu beenden, brachen wir wieder nach Jerusalem auf. So schnell wir konnten, eilten wir zu dem Haus, wo sich die elf meistens trafen, und wo wir sie auch heute abend vermuteten.

Wir fanden sie in einer merkwürdigen Stimmung. Gemischt aus Freude und Skepsis. Petrus hatte Jesus tatsächlich gesehen, erfuhren wir. Schon im Laufe des Morgens war auch Maria gekommen und hatte erzählt, daß ihr Jesus erschienen war.

Als wir nun – noch ganz außer Atem – unser Erlebnis berichteten, wich auch bei den letzten der Zweifel. Die Gesichter wurden immer froher, während wir ungeordnet, aber begeistert die Worte heraussprudeln ließen.

Wir mußten dann wieder nach Hause. Ohne Müdigkeit nahmen wir noch einmal den Weg nach Emmaus unter die Füße. Diesen Weg, der uns nicht nur aus der Stadt in unser Dorf, sondern in eine ganz neue Welt geführt hatte.

Von demselben Verfasser sind in unserem Verlag erschienen:

Mein Name ist ...

Menschen der Bibel stellen sich vor

240 Seiten, ABCteam-Taschenbuch

»Und Josua machte sich auf...«
In diesem Stil berichtet die Bibel von den Menschen des Alten und Neuen Bundes. Der Verfasser dieser Kurzbiographien hingegen läßt sie in der ersten Person von sich erzählen, und 16 bekannte Gestalten werden darüber ganz neu für den Menschen von heute lebendig.
Noah, Isaak, Joseph, Josua, Samuel, Elia, Hiob, Hosea, Hiskia, Jeremia, Daniel, Jona, Johannes der Täufer, Markus, Lukas und Timotheus – sie alle erzählen von ihrem Glauben und Zweifeln, Fallen und Wiederaufstehen.
Der Autor ist Redakteur des Evangeliumsrundfunks, und die Sendereihe »Mein Name ist...« hat bei vielen Hörern große Resonanz hervorgerufen. Die einzelnen Abschnitte sind auch ausgezeichneter Vorlesestoff für Jugend- und Jungscharkreise.

Die Kajüte

206 Seiten, ABCteam-Geschenkband

Ende des 18. Jahrhunderts: Vier Männer, unterschiedlich in Alter, von Herkunft und Wesensart, teilen eine Kajüte für die Fahrt zu den Karibischen Inseln. Sie sind sich fremd. Aber dramatische Ereignisse zwingen sie, voneinander mehr Notiz zu nehmen, als ihnen lieb ist. Eingeschlossen in ihrem engen Raum, beginnt einer nach dem anderen seine Lebensgeschichte zu erzählen.
Diese in eine spannungsreiche Handlung auf dem Schiff eingebetteten Geschichten geben die Kämpfe wieder, die jeder auf seine Weise durchgefochten hat und die nicht ohne Wirkung auf Charakter und Weg bleiben. Es sind Erlebnisse mit den Grunderfahrungen aller Menschen: Schuld und Haltlosigkeit, Zweifel und Verzweiflung.

Die Rätsel der Charaktere beginnen sich zu lösen, aber noch nicht die Probleme. Denn Haß ist stärker als Vernunft, Ichsucht stärker als nüchterne Überlegung. Erst der gelebte Glaube eines Mitreisenden zerbricht die Zwänge von Angst und Schuld. In einer Kette erregender Szenen rollen Ereignisse ab, die die einen zu Freunden, die anderen zu Todfeinden machen.
Und das Ende? »Happy« ist es nicht. Aber es zeigt einen Weg – der aus Sinnlosigkeit und Verlorenheit herausführt, heute wie in früheren Jahrhunderten, damals wie zu biblischen Zeiten – im scheinbar undramatischen Alltag wie angesichts des Todes. Besonders der männliche Leser – bei der erzählenden christlichen Literatur manchmal etwas vernachlässigt – wird gern zu diesem Buch greifen und bis zum Ende davon gefesselt sein.

Das Fachwerk

Zwei Brände sind in einem nordhessischen Dorf gelegt worden, und jedesmal ist dabei ein Mensch umgekommen. Wer steckt hinter diesen Bränden? Was geht hier vor?
Der Gemeindepfarrer stößt bei seinem Fragen überall auf die Spur jenes Mannes, der erst vor einigen Tagen in seine Heimat zurückgekehrt ist, die er dreißig Jahre lang nicht gesehen hat. Er war erschüttert von all den Veränderungen, die den Dorfbewohnern kaum bewußt geworden sind. Aber er kann das Rad der Zeit nicht zurückdrehen. So bringt er in die Dorfidylle nur Unruhe – allerdings heilsame Unruhe.
Das Fachwerk, das das Bild des Dorfes bestimmt, wird dem Pfarrer zum Symbol der Verwirrungen und Irrungen, die voll innerer und manchmal auch äußerer Dramtik sind. Aber auch Neues bahnt sich an, geprägt von der Frage, was Halt im Wandel der Zeiten anbietet.

CHRISTLICHES VERLAGSHAUS GMBH
STUTTGART